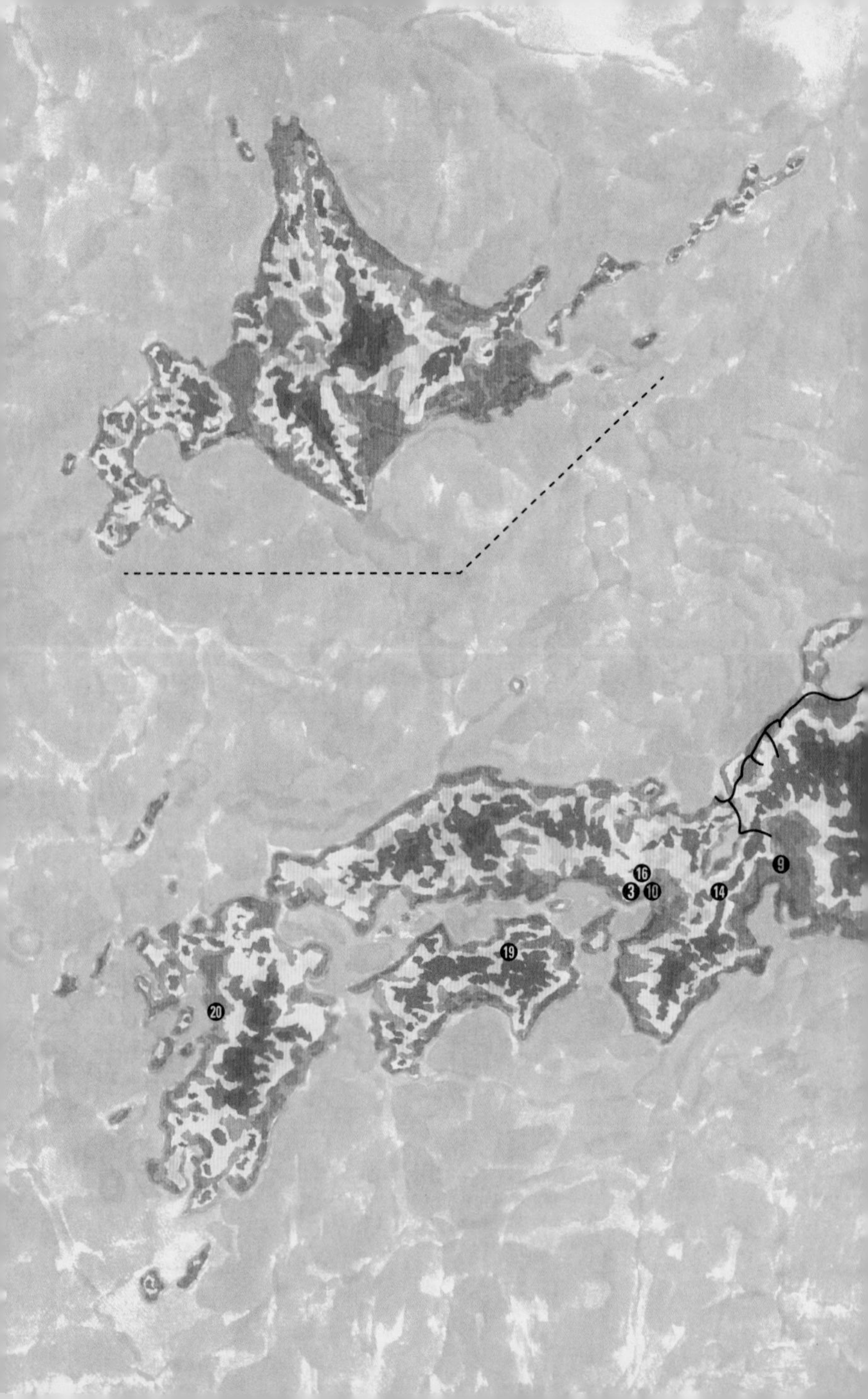
16
3
10
14
9
19
20

꿈의 서점 지도

1. **겟쇼쿠 서점** 도쿄도 도시마구
2. **푹스고엔지** 도쿄도 스기나미구
3. **GOKUCHU BOOKS** 효고현 고베시
4. **시마노혼야** 오키나와현 야에야마군 다케토미초
5. **HOLE** 도쿄도 세타가야구
6. **아톰쇼보** 도쿄도 지요다구
7. **가와타니가 서점** 도쿄도 시나가와구
8. **책방열차 '오쿠로 가는 좁은 길호'** 도쿄도 아다치구~기후현 오가키시
9. **서점 안 비밀 서점** 아이치현 나고야시
10. **STREET BOOKS** 오사카부 오사카시
11. **오가와분쇼도** 도쿄도 시부야구
12. **고바야시 서점** 도쿄도 도시마구
13. **요메이쇼보** 도쿄도 신주쿠구
14. **닌자야시키 카페 이토 서점** 미에현 이가시
15. **아일랜드 북스토어** 도쿄도 제도
16. **BUNSHIMURA!** 효고현 니시미야시
17. **쇼시보타니카** 지바현 나라시노
18. **다마가와 서점 뉴스이점** 도쿄도 미타카시
19. **WOOD STOCK** 도쿠시마현 미요시시
20. **쇼안 미치구사** 구마모토현 구마모토시
21. **훗코샤** 니가타현 니가타시
22. **혼야무라** 도쿄도 주오구

MADAMADA SHIRANAI YUME NO HONYA GUIDE
Edited by Nanako Hanada, Hiromitsu Kitada, Yoshinobu Ayame
Illustration by Masami Kuroki

꿈의 서점

책방지기가 안내하는

하나다 나나코
+
기타다 히로미쓰
+
아야메 요시노부
기획·편집

임윤정
옮김

앨리스

시작하며

세상에는 수많은 책방이 있습니다. 옛날만큼 '많다'고 할 수는 없을지도 모르니까 '아직' 많다고 덧붙여야 할지도 모르겠군요.

새로운 서점, 헌책방, 일반 서점, 요상한 책방, 거리에 있는 작은 서점, 없는 것 빼고 다 있는 대형서점, 커피를 마실 수 있는 서점, 별난 주인이 운영하는 서점, 이벤트가 열리는 서점, 주말에만 문을 여는 서점, 어디에 있는지 알 수 없는 서점…….

매일 책방이 새로 문을 열고 사라지는 가운데 모든 곳에 가봤다는 사람이 과연 있을까요. 한 가지 분명한 것은 '이렇게 재미있는데, 아직 어디에도 소개되지 않은' 책방이 분명 존재한다는 사실입니다. 그것도 '아직' 많이.

북쪽에서 남쪽까지 그런 '꿈의 서점'을 실제로 둘러보고 온 전국의 현역 서점 직원 22명에게 글로 안내를 부탁했습니다. 여기 소개된 22곳의 서점은 분명 책의 미래를 더욱 밝히는 역할을 하지 않을까 합니다. 그중에는 여러분이 이미 알고 있는 곳이 있을지도 모르고, 좀처럼 믿기 힘든 곳이 있을지도 모릅니다.

너무 멀어서 갈 수 없는 서점도 있겠지만, 안내글을 읽는 것만으로도 그 즐거움을 가까이 느낄 수 있을 것입니다. 비록 가지 못하더라도 머릿속으로 그곳 풍경을 상상하며 읽어주세요. 왜냐하면 어떤 '꿈의 서점'이라도 그 시작은 아마 '이런 책방이 있다면 얼마나 좋을까'라는 생각에서 비롯되었을 테니까요.

그럼 아직까지 알려지지 않은 꿈의 서점 순례를 떠나볼까요.

— 편집부 일동

차례

일러두기

- 본문의 각주는 모두 옮긴이의 것입니다.
- 단행본·잡지 제목은 『 』, 문학·미술 작품, 기사 제목은 「 」로 표기했습니다.
- 인명·지명 등의 외래어 표기는 국립국어원에서 규정한 표기법에 따르는 것을 기본으로 했으나 국내에 통용되는 고유명사의 경우 이를 우선으로 적용했습니다.
- 국내에 출간된 책의 경우 한국어판 제목을 따랐으며, 그 외의 경우 원제를 병기했습니다.
- 사투리 자문을 해주신 강릉사투리보존회 임호민 사무국장님께 감사드립니다.

겟쇼쿠 서점

月蝕書店

도쿄도 도시마구

오구니 다카시 (BOOKS아오이카바)

JR고마고메역 동쪽 출구를 나와 상점가로 향하는 인파를 흘긋 보고 오른쪽으로 꺾어 난보쿠선 고마고메역으로 이어지는 언덕길 중간 즈음에 이번에 방문하려는 서점이 있다. 그곳에 찾아간 날은 8월 한여름. 아스팔트에서 올라오는 열기로 조금 몽환적이기까지 하다는 생각에 빠진 것도 잠시, 언덕을 오르기 시작하자 예상했던 것보다 비탈이 심한 탓에 내리쬐는 태양의 열기에 그저 녹아내릴 만큼 덥다는 생각이 떠나지 않는다.

역 반대편 출구로 나와 같은 언덕길을 내려가는 방법도 있지만, 이번에 소개하는 서점의 서비스를 제대로 이용하고 싶다면 반드시 언덕길을 오를 것을 권한다. 그것도 가능하면 자신이 한 번 죽어서 세상에 작별을 고하는 기분으로 올라가는 것이 좋다. 자신이 죽으면 아직 읽지 않은 책 무더기는 대체 어떻게 될까…… 하는 고민을 하면서. '겟쇼쿠 서점'이 행하는 색다른 서비스는 바로 '죽은 자를 위한 추천 도서'니까.

"밖에 엄청 덥죠?" 그렇게 말하면서 서점 주인인 이노쿠마 다케오 씨가 보리차를 건넸다. 그것을 벌컥벌컥 들이키면서 마치 천국에 온 듯한 기분을 느꼈다면 좀 오버일까?

가게는 이 근방과는 좀체 어울리지 않는 분위기의 2층짜리 목조 건물 1층에 자리하고 있다. 약 30평 정도로 그리 크지도 작지도 않은 평수의 실내에는 잡지부터 인문과학 전문서적까지 점주의 센스를 느낄 수 있는 책들이 진열되어 있다. 가까운 곳에 이런 서점이 하나 있으면 무척이나 애용할 듯하다. 그런데 주위를 아무리 둘러봐도 '죽은 자를 위한 추천 도서'를 떠올릴 만한 요소는 어디에도 보이지 않는다. 점주에게 그런 이야기를 하니, "그런 서점이 있다면 저도 한 번 가보고 싶네요" 하며 웃는다.

의자에 앉아 인터뷰를 시작했다.

단도직입적으로 여쭤보겠습니다. 대체 '죽은 자를 위한 추천 도서'라는 게 무엇입니까?

간단히 말씀드리면, 돌아가신 분을 위한 책을 준비해서 제안하는 일입니다. 묘소나 불단에 꽃이나 고인이 좋아

했던 음식을 올리잖아요. 그것을 책으로 대신하는 것이지요.

고인이 자주 읽던 책을 공양하는 건가요?

아니요. 그것과는 조금 달라요. 고인의 장서나 생전에 좋아했던 물건 등을 보고 그분이 살아계셨으면 분명 샀을 법한 신간이나 장서와 관련 있는 책을 추천하는 겁니다.

그렇군요. 그럼 그것은 가족분들께 추천하나요?

기본적으로는 그렇다고 봐야지요. 기일에 맞춰 한 권을 준비하는 일이 많습니다.

추천하는 책은 어떤 장르든 상관없나요? 특별히 책을 지정하는 일도 없고요?

물론 그런 분도 계십니다. 금액을 정하는 경우도 있고, 희망 장르를 말씀하시는 경우도 있지요. 정말로 '케이스 바이 케이스'라고 할 수 있습니다. 최근에는 자신의 장서 정리나 사후에도 남겼으면 하는 책의 보존 등 생전에 책에 대해 미리 상담을 원하는 경우도 늘고 있어요.

조금 삐딱하게 보면 점주께서 좋아하는 책을 그냥 떠넘기는 듯한 오해를 살 수도 있겠네요.

그렇지요.(웃음) 그런데 막상 이 서비스를 하면서 가장 어려운 것은 제가 고른 책을 전할 상대가 이미 세상에 안 계신다는 점입니다. 전달한 책이 재미있었는지, 필요한 것이었는지 그렇지 않은지, 당사자에게 감상을 전해들을 수가 없어요. 말씀하신 대로 대충하려고 하면 책 한 권이야 편하게 고를 수도 있고, 아무렇지도 않게 전할 수도 있겠지요. 하지만 고인의 책장을 보게 되거나 가족들에게 생전의 말씀을 전해 듣거나 하면 대개는 그분의 책장에 보태고 싶은 책 한 권이 문득 떠오릅니다. 참 희한하지요. 다만 그것이 제대로 된 추천이었는지 어땠는지는 전혀 답을 들을 수 없다는 점이 부담스럽기도 합니다.

성실하지 않으면 불가능한 서비스라는 거군요.

그거야 다른 어떤 서비스든 그렇지 않을까요.

하긴 그것도 그렇네요.(웃음) 이런 서비스를 하겠다고 마음먹게 된 계기는 무엇인가요?

서점을 운영하면서 힘든 순간이야 많이 있습니다만, 그중에서도 손님이 돌아가시는 경우는 조금 다른 종류의 힘듦이네요. 가깝게 지내던 할아버지 한 분이 계셨는데, 자신이 젊었을 때 즐겨 읽던 책을 "읽어볼텨?" 하고 가방에서 꺼내서 제게 건네주시곤 하던 분이셨습니다. 그분이 항상 예약을 해서 즐겨 보시던 책 중에 『세계시인소설선집』이 있었는데, 벌써 2회분이나 밀리도록 찾아가시질 않더군요. 처음에는 신경이 쓰이면서도 그냥저냥 시간이 흘렀지요. 그러던 어느 날, '오늘은 꼭 전화해봐야지'라고 생각한 겁니다.

어떤 결말일지 대충 알겠는데요.

딱 2주가 지난 시점이었습니다. "해약해주세요"라고 아드님이 말씀하시기에 평소 같으면 그것으로 끝낼 수도 있었을 텐데, 저도 모르게 "향불이라도 올릴 수 있게 해주시겠습니까?" 하고 말해버렸지 뭡니까. 할아버지와 저는 책을 통해서만 아는 사이니까 할아버지께 인사를 드리러 가는 날 꽃 대신 이 선집의 다음 권을 가지고 가야겠다고 생각했습니다.

가족분들은 어떤 반응을 보이셨나요?

기뻐해주셨어요. 장서를 처분하려고 생각했던 건지, 당황하는 기색을 보이긴 했습니다만. 그래도 "이렇게 와주셨는데 아버지 책장 한번 보시겠습니까?"라는 말까지 해주셨지요. "좋아하는 책이 있다면 가져가셔도 됩니다"라고 하셨지만 반대로 가족들에게 읽어보라고 권하고 싶은 책이 몇 권이나 나오더군요.(웃음) "49재가 끝나기 전까지만 개인적으로 돌아가신 분께 책을 올리러 와도 되겠습니까?" 하고 말하자 가족분들이 상당히 어이없어 하셨지요.

그것은 반대로 민폐가 아닐지…….

그렇지요. 하지만 적어도 정기구독만이라도 완결내고 싶

지 않나요?

책을 좋아하는 입장에서 그런 기분이 전혀 이해가 안 되는 것은 아닙니다만.

결과적으로는 제가 가지고 간 책을 그 아드님이 읽고 있습니다.

결국 할아버지의 장서를 구한 셈이군요.

아니요, 반 이상은 아는 헌책방에 맡겼습니다. 하지만 아드님과 가족분들이 궁금해하는 책이나 제가 할아버지 책장에 남겨두었으면 하고 생각한 책은 지금도 그 자리에 있습니다. 이런 일도 있다보니, 누군가 생을 마감한 후에도 그 사람의 생각이나 마음은 장서라는 형태로 남길 수 있지 않을까 하고 생각하게 된 거죠. 게다가 신간이 나올 때마다 그것이 늘어가는, 닫히지 않는 장서에 가치가 있다고 생각한 겁니다.

닫히지 않는 장서요?

네, 저명한 사람의 장서는 어딘가에 기증 되어서 남는 경우가 있지 않습니까. 하지만 그것은 어디까지나 그 사람의 업적을 보존하려는 거잖아요. 그 시점에서 장서로서의 역할은 끝났다는 기분이 드는 거지요. 하지만 새로운 책이 계속 쌓인다면 그만큼 그분의 책장도 계속 살아 있는 게 아닐까 하는…….

그렇군요. 그렇게 남은 책을 가족들도 읽고요.

물론 모든 책은 아니더라도 돌아가신 분이 정말로 좋아했던 책만이라도 흥미를 가지고 봐준다면 기쁠 것 같습니다. 장서가는 고독한 사람이 많거든요. "또 읽지도 않을 책을 사왔네"라는 말을 듣는다든지……. 지금도 한 달에 한 권 추천 도서를 기다려주시는 가족분들이 계셔서 그럴 때는 이런 서비스를 시작하길 잘했다고 생각합니다. 보람을 느끼죠.

'죽은 자를 위한 추천 도서'라고 해도 결국 남은 사람들을 위한 추천 도서라고 할 수 있겠네요.

그런 셈이지요. 다른 모든 것과 마찬가지로, 남겨진 사람들을 위한 서비스인지도 모르겠네요.

하지만 남은 분들 중에는 그 죽음을 받아들이지 못하는 분들도 있으시죠? 그래서 더더욱 그 사람의 장서도 처분하고 싶은 사람도…….

언젠가 아버지를 떠나보낸 따님에게서 이 서비스를 의뢰받은 적이 있습니다. 하지만 부인은 남편의 죽음을 아직 받아들이지 못한 듯, 뭔가 책을 전달할 때마다 "이런 책은 필요 없어요"라는 말을 계속하셨어요.

그것은…… 저라면 견디기 힘들었을 것 같네요.

그렇지요? 저도 괴로웠습니다. 다섯번째 책을 가지고 갔을 때였어요. 사인死因을 들었습니다, 따님으로부터. 아버지는 찻집을 운영하고 계셨어요. 어느 날 평소처럼 출근을 하려는데 침실 문에 발을 부딪치고는 넘어졌다고 합니다. 그 후에 입원을 했는데, 그게 마지막이었던 거죠. 그 얘기를 듣고 문득 뭔가 떠오르는 게 있더군요. 가게에서 책을 정리할 때 그런 비슷한 이야기를 읽은 것 같은 기분이었죠. 돌아와서 최근 수개월 동안 훑어본 책을 찾아봤습니다. 부디 그 책이 팔리지 않았기를 바랐던 건 그 전에도 그 후에도 없었던 일입니다. 그때뿐이었죠.

그래서 있었나요?

있었습니다. 이 책이에요. '이렇다 할 확실한 원인 없이 죽은 사람들의 예가 있다. 퀸투스 아밀레우스 레피두스는 마침 침실에서 나가려는데 문에 엄지발가락을 부딪쳐 타박상을 입었다.' 일단 다음날 책을 들고 그 댁을 찾아갔습니다. 그리고 설명했지요. 왜 이것을 가지고 왔는지. 읽어봐주었으면 하는 문장이 있었어요. 그래서 필사적으로 설명했지요. 내쫓길 각오로 말이죠. 그랬더니 부인께서 그 책을 휘리릭 넘겨보더니 불단에 겨우 올려주셨습니다.

"그 사람은 매사에 언젠가는 누군가 자신의 전기를 써줄 거라고 얘기했었어요. 죽을 때까지. 그저 평범한 찻집 주인에 지나지 않았을 뿐인데. 하지만 단 한 줄이지만 이

책에 쓰여 있네요. 심지어 우리가 태어나기 수천 년 전에 쓰인 책에. 그 사람, 자신의 죽음이 쓰였다는 건 꿈에도 생각하지 못할 거예요" 하며 웃어주었지요.

그 책이 뭔가요?

플리니우스의 『박물지』 중 「인간」 권입니다. 제가 읽어주었으면 했던 것은 그 안의 이런 문장입니다. '우리들은 날짜를 센다. 그런데 소중한 것은 하루하루의 무게다.'

결말은 해피엔딩이라 다행입니다만, 꽤나 엉뚱한 일을 하셨네요.

네, 제가 좀 당시에는 몰두해서 일을 벌이는데 나중에 불안해하는 타입입니다.(웃음) 아, 맞다. 처음에 이야기한 할아버지의 책장은 조금 특이해서 『그때마다 그저 한 가지, 세계의 종말』 같은 추모 문집이나 『웃음의 죽음 소사전』 같은 책이 있기도 하고, 묘비명을 모아놓은 책도 많아서 야마다 후타로•의 『인간임종도감』 시리즈가 세 권이나 있었습니다. 할아버지는 사람의 비참한 죽음에 꽤나 관심을 갖고 있었구나 하고 생각하면서 어느 날 장서에서 한 권을 꺼내 휘리릭 보았습니다. 그랬더니 한 군데에 붉은색으로 밑줄이 그어져 있었어요.

• 山田 風太郎, 1922~2001. 전기, 추리, 시대물 등으로 이름을 알린 전후 일본을 대표하는 대중 소설가.

어디에 말이죠?

저도 마음에 들어서 이 수첩에 옮겨 적었습니다. 추천 도서를 고를 때 고민이 되면 되새기고는 해요. 변명을 하는 거지요. 장사를 한다는 성실한 마음가짐과 이 말의 중간 정도에서 책을 고르면 좋은 책을 고를 수 있을 것 같은 기분이 듭니다.

그렇게 말하며 이노쿠마 씨는 수첩을 펼쳐 내게 보여주었다. 꼼꼼하면서 꽤 큰 글씨로 이렇게 쓰여 있었다.

"그러나 죽는 것은 언제나 타인."

인사를 하고 이노쿠마 씨와 헤어져 밖으로 나오자 해가 뉘엿뉘엿 지고 있었다. 하지만 더위는 여전히 누그러질 줄 몰랐다.

아까 올라온 언덕길을 내려가 역에 도착하자 마침 퇴근 시간과 맞물려 양복을 입은 사람들과 학생들, 남녀노소가 바쁜 걸음으로 활기차게 상점가로 들어간다. 역 앞에서 언덕길을 올려다보자 '죽은 자와 산 자를 이어주는 책방'은 세상을 굽어보듯 서성이고 있다.

'겟쇼쿠 서점'의 인기 도서 베스트 3

❶ 글 호사카 가즈시 · 그림 오자와 사카에, 『춤추는 고양이 차짱』

❷ 쓰지 유키오, 『쓰지 유키오 시집辻征夫詩集』, 다니가와 슌타로 편, 이와나미문고

❸ 『마르셀 뒤샹 어록』, 다키구치 슈조 옮김, 비주쓰출판사

푹스고엔지

プックス高円寺

도쿄도 스기나미구

하세가와 아키라(빌리지뱅가드 시모기타자와점)

『BRUTUS 특별편집 합본 · 독서 입문』이 입고되어 휘리릭 살펴보는데 궁금한 게 생겼다. 궁금해졌다고나 할까……. 잡지에 「전국의 감식 서점원이 고른 문고 세 권」이라는 특집 기사가 있어서 찬찬히 읽어봤다. 처음에는 그저 '흠……' 하는 정도로 읽고 넘겼다. 그런데 고엔지에 있는 '푹스고엔지'의 점장, 스기우라 씨가 고른 『나의 큰어머니』 『요즘은 왠지 존 휴즈•』 『속돌을 먹는 아이들』이라는 책들은 어느 하나 들어본 적 없는 것이었다. 다른 서점원들이 고른 책들은 지면에 자주 오르내리는 것이라 동종 업계 종사자로서 읽지는 않았어도 제목 정도는 익히 들어 아는 책이었다. 하지만 스기우라 점장이 고른 세 권은 생전처음 들

• John Huge, 1950~2009. 미국의 감독 겸 각본가로 「나 홀로 집에」의 각본, 「내 사랑 컬리 수」 등을 연출했다.

어본다. 처음에는 내 지식이 부족해서군, 이런 책도 있구나 하고 넘겼더랬다.

하지만 머릿속 어딘가에 계속 그때의 기억이 남아 있었던 건지, 다른 잡지 등에서도 책을 소개하는 특집으로 두어 번 스기우라 점장의 추천글을 보았을 때, 거기서 소개한 책도 역시나 단 한 권도 들어본 적 없었다. 그런 일이 몇 번 반복되고 나니 살짝 분하기도 해서 아마존에서 그 서적들에 대해 찾아보기까지 했다. 그런데 이게 어찌된 일인가. 아무리 검색을 해도 나오지 않는다. 희한하다고 생각하며 이전에 소개된 '스기우라 셀렉트 북'을 다시금 살펴보며 검색했다. 역시나 이번에도 나오지 않는다. 아마존뿐만 아니라 아예 인터넷에서는 그런 책에 대해서 검색되는 바가 없었다. 나오는 거라곤 그가 소개했다, 라는 정도의 정보가 전부. 마찬가지로 책의 작가도 누구 하나 찾을 수가 없었다.

고엔지 준조 상점가를 지나 조금 더 가서 고신도리 옆길로 들어선 후 5분 정도 걸어가면 주택가 모퉁이에 푹스고엔지가 있다. 외관상으로는 영업한 지 10년은 족히 된 듯하다. 주택가 안에 자리한 책방이라 위화감이 들 법한데도 묘하게 낯설지 않다. 그렇다고 헌책방 같은 분위기도 아니다. 어디까지나 신간의 냄새가 난다. 게다가 문은 자동문. 덜컥하고 조금 무거운 느낌으로 열린 문 안으로 들어서자 내가 일하고 있는 서점과 거의 비슷한 30평 정도 되는 크기의 책방이 눈앞에 펼쳐졌다. 점원은 3명. 잡지에서 본 스기우라 점장은 카운터 옆에서 손님과 이야기 중이다. 4시라는 어중간한 시간인데 의외로 손님이 많다. 약 7, 8명 정도 될까. 아, 배경음악이 다카다 와타루•다.

일단 점장이 『브루투스』에서 소개한 소설을 찾으려고 서점 안을 둘러보았다. 그러자 한 곳, 입구에서부터 눈에 확 띄는 장소가 있었다. 가서 보니 점장이 추천해서 잡지에서도 다룬 문고 소설이 손으로 쓴 POP 광고에 둘러싸여 놓여 있었다. 다른 신간문고보다 눈에 띄고, 무엇보다 팔리는 듯했다. 그중 한 권을 손에 들고 출판사를 확인해보니, '폭스문고'라고 적혀 있다. 어디선가 들어본 듯한 이름이라고 생각한 순간, '아, 이 서점 이름이잖아!' 하고 깨달았다. 바코드도 ISBN도 없다. 그렇군, 이 서점에서 만든 것이었구나. 그런데 서점에서 만든 것치고 책꼴이 상당히 훌륭하다. 장정 디자인도 요즘 인기 있는 일러스트레이터에게 뒤지지 않는다. 다른 것들과 나란히 두어도 전혀 튀는 기색 없이 자연스럽게 스며든다. 아니 어설프기는커녕 오히려 신간문

• 高田渡, 1949~2005. 일본의 포크싱어.

고 평대에 놓인 '치쿠마문고•' 같은 아우라를 풍긴다.

줄거리를 읽고 재미있어 보이는 『시작될 것 같은 노래』를 집어들고 가게 안을 배회했다. 신간이나 화제의 도서도 다수 진열되어 있지만, 요소요소에서 고엔지 주민들이 좋아할 만한 책들을 꼽은 흔적이 엿보인다. 가령 『영화비보映画秘宝』가 스무 권쯤 잔뜩 쌓여 있다든가, 스즈키 교이치••의 책이 전부 갖춰져 있다든가, 요시다 루이•••와 나기라 겐이치••••가 시선을 가로막는 중에 그 옆에 맥주잔과 함께 '고엔지의 숨은 맛집 추천'이 POP 광고로 소개되어 있다. 『진심으로 밴드를 업으로 삼고 싶은 사람에게』라는 책이 놓인 매대 한쪽을 차지한 것은 이력서로, '그래도 생활비는 필요하니까'라는 코멘트가 적혀 있다. 그다지 잘 쓴 글씨가 아니라는 점도 마음에 든다.

손님과의 대화가 끝날 타이밍을 살피며 스기우라 점장에게 말을 걸어봤다.

"실례합니다. 잡지에서 보고 궁금한 게 생겨서 찾아왔습

• ちくま文庫. 일본의 중견 출판사 치쿠마쇼보에서 출간하는 문고 브랜드.
•• 都築響一. 사진가, 편집자, 저널리스트.
••• 吉田類. 작가, 화가, 탤런트.
•••• なぎら健壱. 포크싱어 겸 배우.

世界から私が消えたら
君の肝臓は食べたくない

니다만, 이 책들 푹스고엔지 오리지널 출판물인가요?"

앞치마가 어울리는 것을 어딘가 거부하는 듯한 차가운 인상을 풍기기도 하지만, 그것도 포함해 왠지 이 서점의 점장이라는 분위기가 감돈다. 그는 생글생글 부드러운 표정으로 "저희 오리지널 출판물이라고 말하기엔 좀 그렇네요. 정확히는 저희 서점에 오시는 손님들의 오리지널 출판물이라고 해야겠지요"라고 대답한다.

내가 순간 '응?' 하는 얼굴을 한 것을 눈치챈 건지, 스기우라 점장은 바로 다음과 같은 말을 덧붙였다.

"손님들이 주문한 오리지널 소설입니다…… 라고 말해도 소설 따위 써본 적 없는 분들이 대부분입니다. 그래서 저희가 섭외한 작가와 몇 번씩 회의를 거쳐 함께 완성해가는 식이지요. 손님이 바라는 것, 이런 것이 읽고 싶다든가 하는 바람을 스토리로 만드는 것입니다. 일종의 고스트라이터 같은 느낌이랄까요. 저자명은 손님이 정하게 합니다. 의뢰하신 분의 본명인 경우도 있고, 새로운 필명을 생각하는 경우도 있지요. 저기에 놓인 것들 중에는 등장인물이 모두 실명으로 자신의 인생을 상당 부분 집어넣어 드라마틱하게 그린 『세상에서 내가 사라진다면』이라는 작품이 있습니다. 벌써 출간한 지 1년이 넘었는데 지금도 일주일에 다섯 권 정도씩 팔리고 있네요. 팔리는 만큼 정말 재미있습니다. 주인공이 자의식 과잉의 남자인데, 주변 사람들에게 미움을 받는다고 착각을 해서 그 반항심에 점점 더 폭주해가는 모습이 현실적입니다. 반자전적 소설 같은 것인데, 상당히 뻔뻔하죠. 하하."

폭스문고의 설명이 간단하게 적혀 있는 전단지를 받아 들고, 눈으로 좇으며 점장의 말에 귀를 기울였다. 96페이지짜리 문고 한 권을 기준으로 요금은 10만 엔. 50권을 제작해, 다섯 권은 의뢰인에게 납품. 남은 45권을 서점에서 권당 800엔, 세금을 붙여 판매한다. 소진을 했는데 더 팔릴 가능성이 보이는 경우에는 100권 중쇄. 이후 정가의 10퍼센트를 인세로 의뢰자에게 건넨다. 미미한 금액이지만, 그럼에도 서점에서 팔리고 있다, 라는 감회가 깊을 것이다.

"최근 「재미있는 서점」 특집인가에서 주목을 받아서인지 이 오리지널 소설 만들기에 대한 관심도 조금씩 늘고 있습니다. 인터넷 주문을 시작한 이래로 매달 다섯 건 정도 '소설 만들기'에 관한 질문이나 주문이 들어오고 있어요. 가게를 시작한 지 올해로 8년째입니다만, 5주년 기념으로 그런 걸 한 번 해볼까 하고 정한 이래 벌써 지금은 30권 정도의 폭스문고가 탄생했습니다."

스기우라 점장은 자신의 어린 시절을 추억하듯 즐거운 표정으로 이야기를 이어갔다.

"저, 실은 출판사에서 편집 일을 했었어요. 편집을 하기 전에는 소설가를 목표로 문예상에 응모를 하기도 했었지요. 몇 번인가는 최종 후보에까지 올랐습니다만, 그것으로 끝. 옆에서 돕는 것이 더 잘 맞는다는 걸 깨닫고 편집으로 전향했지요. 그 경험을 활용해서 처음에는 작가도 겸임했었습니다. 저와 또다른 한 사람이 소설을 썼습니다만, 아무래도 서점 업무와 병행하다보니 무리가 오더군요. 그래서 지금은 5명의 작가가 명부에 이름을 올리고 있습니다. 아르바이트이지만 작법 실력을 갈고 닦는 이들이지요. 그중 한 사람이 쓴 작품이 상당히 좋아서 손님께 허락을 받아 고스트라이터의 이름으로 문예상에 응모를 한 적이 있습니다. 최종 심사까지 올랐어요. 희망이 있지 않습니까."

나도 서점에서 일하고 있다는 사실을 밝히자 스기우라 점장도 텐션이 올라가 이런저런 이야기를 즐거운 듯 해주었다.

모든 사람들이 책을 좋아하는 것은 아니겠지만, 역시 자신의 책을 만들고 싶다는 바람을 가슴에 품고 있는 사람이 의외로 많을 거라고 생각한다. 직접 이야기를 쓸 기술은 없지만 출판할 만한 아이디어를 가지고 있는 독자가 세상에는 상당히 많을 것이다. 반대로 기술은 있지만 아이디어가 잘 떠오르지 않는 작가도 있겠지. 그 요철을 잘 끼워 맞춰 하나의 작품을 완성해간다. 그런, 있을 법한데 없었던 노력으로 문학의 세계를 고조시키려는 푹스고엔지는 서점이라는 경계를 넘은 도전을 하고 있다. 그리고 그러한 도전을 계속해가는 서점으로서 살아남을 것이다.

돌아오는 전차 안에서 왼손 엄지는 『시작될 것 같은 노래』에 두고, 내 책이 그 서점의 책장에 놓인다면 어떤 이야기를 할 것인지 오른손 엄지로 스마트폰의 메모장을 열어 생각나는 키워드를 쳐 넣었다.

'푹스고엔지' 인기 도서 베스트 3

❶ 오하시 히로유키, 『다로는 물이 되고 싶었다太郎は水になりたかった 2**』, 리이도샤**

❷ 나쓰메 소세키·에도가와 란포 외, 『시메키리혼〆切本**』, 사유샤**

❸ 호시노 겐키, 『세상에서 내가 사라진다면世界から私が消えたら**』, 푹스문고**

GOKUCHU BOOKS

효고현 고베시

기타다 히로미쓰(도쿄도 내 서점)

"초등학생 때부터 서점에 자주 들락거렸습니다. 집에서 가까운 곳에 작은 서점이 있어서 어머니 심부름으로 책을 사러 가곤 했지요. 3일에 한 번 꼴로 갔으려나요. 사오라고 시킨 책은 대부분 문고본이었어요. 제가 산 책이 형무소에 계신 아버지에게 보내진다는 사실도 정확히 알고 있었지요."

'GOKUCHU BOOKS'의 점주 기타지마 히로노부 씨가 책에 흥미를 갖게 된 계기는 조금 특별하다. 폭력단원으로 당시 도쿠시마형무소에 수감 중이던 아버지에게 정기적으로 책을 보내던 경험이 책에 대한 흥미로까지 이어진 것이다. "형무소에 보낼 수 있는 게 현금과 책뿐이야"라던 어머니의 말씀이 계속 마음 한구석에 남아 있었다고 한다. 어린 마음에 "형무소에 보내도 될 정도니까 책은 진짜 대단한 거구나" 하고 생각했다고 한다.

기타지마 씨는 1984년에 태어나 올해로 서른두 살. 대학

졸업 후, 출판중개회사에서 근무, 관련 회사의 서점(책 · 잡지 · 카페 복합점)에서 매니저로 근무하다 2013년에 퇴직했다. 그 후 도내의 다른 서점에서 1년간 일하다 고향인 고베로 돌아와 작은 헌책방을 개업해 독립했다. 다가오는 10월에 서점 오픈 2주년을 맞는다고.

사회에 나와 10년 동안, 책과 관련한 일만 계속해왔다는 기타지마 씨가 본격적으로 독서를 하게 된 것은 대학생 때부터라고 한다. "대학 1학년 때 아버지가 돌아가시고, 대량의 장서를 물려받은 게 계기가 된 거죠. 저는 외갓집에서 자랐기 때문에 아버지와 함께 살았던 적이 한 번도 없습니다. 아버지 사무실에 유품을 정리하러 갔는데, 남겨진 물건 대부분이 책이었죠." 수천 권의 책을 전부 폐기처분하려던 어머니를 설득해 그 장서를 전부 가지고 왔다.

그로부터 밥 먹듯 책을 읽기 시작해 그 매력에 흠뻑 빠지게 되었다. 처음에 빠진 것은 가타오카 요시오•. 그 후 쇼지 가오루, 우에쿠사 진이치, 고바야시 노부히코 등을 좋아하게 되었다고 한다. "좋은 책을 많이 남긴 것에 대해서는 지금도 고맙게 생각하고 있어요. 야쿠자의 장서라고는 생각할 수 없다고 해야 할까. 정말로 책을 좋아했었구나 하고

• 片岡義男. 소설·수필·번역 등 다양한 분야에서 활동하는 저술가.

느낄 때가 많습니다"라며 상냥하게 말하는 기타지마 씨의 표정에서는 '이 사람이 야쿠자의 아들'이라고는 도저히 생각할 수 없다.

그 후 문득 정신을 차려보니 자연히 책과 관련된 일을 시작했고, 얼떨결에 자신의 가게를 갖게 되었다고 한다. 작은 헌책방을 열고 얼마 지나지 않아 일면식도 없는 사람으로부터 빈번하게 편지를 받게 되었다고 한다. 주소를 봐도 전혀 짐작 가는 데가 없는 그 편지를 열자, 추천하는 책을 알려줬으면 좋겠다는 내용이 쓰여 있었는데, 찾고자 하는 책을 연상하게 하는 키워드가 자세하게 적혀 있었다. "조지 융 파블로 에스코바르•, 롯폰기, 어스 에코로지, 다레노가레 아케미••, 야구, 스모, 『프라이드의 괴인プライドの怪人』, 키시, 환각, 아스카 기라라•••……." 그럴듯한 단어가 편지지를 가득 메우고 있었다. 봉투에 기재된 주소를 인터넷으로 검색해보았더니 가코가와형무소에서 보내는 것이었다. "아버지가 속했던 곳에 계신 어느 분이 제게 편지를 보내오고 있다는 걸 알았습니다. 처음에는 왠지 무서워서 답장

• George Jung Pablo Escobar, 1949~80. 콜롬비아 출신으로 전 세계에 코카인을 밀매하여 악명을 떨친 마약왕.

•• ダレノガレ明美, 모델 겸 탤런트.

••• 明日花キララ, AV배우 겸 가수.

을 쓸지 말지 상당히 고민했습니다만, 글에서 진심으로 책을 원한다는 느낌이 전해져 와 어떻게든 힘이 되고 싶었습니다."

추천 도서 목록을 만들어 담 저편에 있는 분과 서신을 교환하는 사이, 형무소 내 규칙을 알게 되었다고 한다. 편지는 한 달에 네 통까지만 보낼 수 있다는 것과 책은 한 달에 두 번, 한 번에 여섯 권까지만 구입이 가능하다는 것이다. 구입할 때는 '구입 편지'에 기입해서 제출하지 않으면 안 된다고. 책의 '주문'은 형무소가 거래하는 서점의 외판부로 돌리지만 책이 도착하기까지는 어찌된 영문인지 한 달 이상이 걸린다고 한다. 책의 구입에는 권수 제한이 있지만, 외부에서 보내오는 책에는 제한이 없다는 것 등. 무엇보다 형무소에서 유일하게 즐길 것이 '책'이라는 점에 상당히 놀랐다. "그 정도로 절실하게 책을 원하는 사람들이 존재한다는 현실에 굉장히 놀랐습니다. 저희들이 책을 갖고 싶어 하는 것과는 온도차가 있네요. 반입 도서는 몇 권이라도 자유롭게 보낼 수 있기 때문에 그것을 제가 담당하면 어떨까 하고 생각하게 되었지요." 기타지마 씨는 2015년 12월부터 형무소에서 복역 중인 수감자를 대상으로 한 도서 반입 서비스 GOKUCHU BOOKS를 시작했다.

형무소에는 당연히 인터넷 환경이 구축되어 있지 않기 때문에 편지로 주문을 받는다. 인터넷 전성시대에 손편지라고 하면 아무래도 드문 일이지만, 이외에 다른 수단이 없다. 주문과 책의 배송에 대해서는 '반입'이라는 형태로 담장 안의 수감자와 직접 처리할 수 있지만, 대금 지불은 수감자의 친족이나 지인, 친구를 통해야 한다. 원칙적으로 전부 선불제로 운영한다고.

형무소에 책을 보내주는 서비스가 입소문을 타고 번져 지금은 한 달에 70여 건 정도로 주문이 늘었다. 서점 매출을 걱정하던 차에 이제는 매출을 형무소 외판으로 메우는 상황이다.

주문의 형식이 특별히 정해진 것은 아니기 때문에 사람에 따라 리퀘스트 방식은 저마다 다르다. "구체적인 서명을 적어주는 분들이 계시는가 하면, 흥미가 있는 키워드를 나열하고, 그것에 맞는 책을 골라달라고 하는 분들도 계십니다. 하지만 가장 주문이 많은 것은 야한 책이네요. 제가 내용을 확인한 후에 보내달라고 하는 요구가 대다수입니다. 형무소이다보니 당연히 검열을 거쳐야 해서 편의점에서 판매하는 정도의 수위가 그리 높지 않은 야한 책은 괜찮지만, SM이나 신체 특정 부위 사진 등이 실린 것은 걸리는 것 같아요. 이 서비스를 시작한 후부터 저 역시 야한 책 전문가가 되었습니다.(웃음)"

책을 읽는다고 배가 부른 것도 아니고, 책이 인간의 3대 욕구를 충족시켜주는 것도 아니다. 즉효성이 있는 것도 아니다. 그 책을 읽었다는 사실을 잊었을 즈음, 본인에게 자각이 없는 채로 조금씩 책의 영향이 나타난다. 책의 매력은 바로 그런 데 있다고 기타지마 씨는 생각해왔다.

하지만 GOKUCHU BOOKS를 시작한 후 사고방식에 변화가 찾아왔다고 한다. "책은 고상한 것이 아니고, 오히려 그 반대가 아닐까 생각하게 되었습니다. 눈앞의 욕망을 충족시켜주는 게 아닐까 하고 말이죠. 책은 단순한 기호품이 아니라, 일용품적이기도 하고, 정크푸드적인 면도 있다고 생각합니다. 책의 쓰임과 가치는 그것을 요구하는 사람에 따라 다양하다고 실감하게 되었어요" 하고 기타지마 씨는 이야기한다.

지금까지는 자신의 가게에 와주는 사람들만을 손님이라고 생각했었지만, 이제부터는 책을 원하는 사람들에게 눈을 돌려서 일을 해나가고 싶다는 말도 덧붙였다. "이처럼 주위에는 책에 굶주린 사람들이 많이 있습니다. 그런 사람들에게 책을 보내는 것도 제가 할 일이라는 생각이 들더군요. 자주 '죄를 지은 사람을 위해 책을 보낸다니 어리석은 짓 한다'라는 말을 듣습니다만, 선한 사람이 사람을 죽일 수도, 악한 사람을 구할 수도 있는 것이 세상의 이치니까, 그런 말에는 전혀 개의치 않습니다. 요구 사항에 따른 책을 적절하게 보내는 것만 생각하고 있지요." 기타지마 씨가 강한 어조로 말한다.

"음식점에서 배고픈 사람을 화나게 하는 것은 무섭지요. 그것은 책에서도 마찬가지입니다." 실제로 어떤 보복을 당한 적은 없다고 하지만, 수감자가 출소 후 기타지마 씨의 가게를 방문하는 일은 종종 있다고 한다. 그때 자주 듣는 말은 추천 도서의 내용에 관한 것으로, 『사이조サイゾー』나 『일본의 뒷면裏モノJAPAN』 같은 책은 형무소 내에서 수요가 없다면서, 복역 중에 처음 시작하는 사람이 많은 하이쿠나 예술에 관한 책도 가끔씩 보내주는 편이 좋다는 식의, 형무소 생활을 경험했기 때문에 알고 있는 세심한 정보와 뉴스를 알려준다고 한다.

"그러고 보니 지난달, 출소한 어느 청년이 자기 출판사를 차렸다고 했습니다. 현재는 형무소 수감자용 잡지를 만든다고 합니다. '검열에 걸리지 않는 최고급 야한 책'이 테마라며 진지한 얼굴로 말하더군요. 형무소 안에서는 아무래도 '검열'이 최대 난관인 듯합니다. 좀더 제대로 된 책을 만들라고 말하고 싶었지만 청년이 너무 진지해서……."

출판 불황이 계속되는 가운데 책이 팔리지 않는다는 말

이 많은 한편으로 책을 찾는 사람들에게 필요한 책이 닿지 않는 장소도 존재한다. 그것은 형무소 같은 곳에 국한된 이야기만은 아닐 것이다. 과거에는 제2차세계대전 중 전장의 미군에게 보내기 위해 발행된 『군인 문고』나 중일전쟁 때 일본 해군이 발행한 군인 위문 잡지 『전선 문고』 등, 극한 상황의 장소에 책을 보내는 일이 실제로 이루어졌다.

"'책을 보내다'라는 말은 상당히 듣기 좋아 보이지만, 어딘가 모르게 위선적인 느낌이 듭니다. '누구에게' '어떤 책을' 보내는가가 모호해지고, 별로 이곳에는 보내지 않아도 되지 않나…… 하는 배제의 구조도 있다고 생각합니다. 앞으로는 형무소 외에도 책이 필요한 사람이 있다면 그런 사람들을 위해서 뭔가 도움을 주고 싶습니다. 자신이 누군가에게 어떤 책을 팔고 싶은지를 항상 생각하고 있어요. 그리고 최근에 자주 '장래에 노숙자가 되면 어쩌지……' 하는 상상을 합니다. 가능한 얘기지요. 분명 저는 노숙자가 되어도 책을 팔고 있으리라고 생각합니다. 그때는 누구에게 어떤 책을 팔까…… 하는 생각도 하곤 해요. 노숙자 책방이 아니면 보낼 수 없는 책과 대상이 분명 있지 않을까요."

기타지마 씨의 말처럼 지금까지 눈길을 주지 않던 장소, 무의식중에 외면하던 장소에 책을 보내는 것도, 앞으로의 책방이 해나가야 할 중요한 역할 중 하나일 것이다. 지금까지 지나치고 간과해온 상대에게 '책이 닿는다'는 것이야말로 책과 서점의 세계가 구체적으로 넓어지는 것인지도 모른다.

'GOKUCHU BOOKS' 인기 도서 베스트 3

❶ 『실화 넥클러스実話ナックルズ』, 밀리온출판

❷ 『주간 소년 점프』, 슈에이샤

❸ 『TOKYO GALs COLLECTION』, 다이요도서

시마노혼야

島の本屋

오키나와현 야에야마군 다케토미초

미야사도 아야하(미야사도코 서점)

팔랑팔랑 흩날리는 밝은 분홍빛 부겐빌레아가 바람에 실려 가게 안으로 들어와 바닥을 데구르르 구르고 있다. 마치 슬로모션을 보는 것 같다.

새파란 하늘을 올려다볼 여유도 없을 만큼 눈부신 태양이 쨍쨍 내리쬐며 등을 태운다. 낡은 목조 주택. 고민가古民家라고 부르기도 한다지. 회색 기와를 올린 지붕.

"겨우 도착했네."

친구에게서 들은 이 서점에 다다를 때까지 얼마나 긴 시간이 걸렸는지. 친구도 실제로 이곳에 와본 적은 없고 소문으로만 들었을 뿐이라고 한다. 무엇이든 그 서점 주인의 이야기를 운 좋게 듣는다면 인생이 조금은 풍요로워질지도 모른다나 뭐라나.

친구의 그런 애매모호한 이야기를 믿고 이런 벽촌까지 와버렸다. 도쿄에서 비행기를 타고 나하那覇로. 나하에서 커다란 배를 타고 하룻밤, 미야코지마宮古島를 경유해 도착한 이시가키지마石垣島. 배는 이후 타이완까지 간다고 한다. 이시가키지마에서 연락선으로 갈아타고 한 시간 정도 달려 도착한 곳이 이 작은 섬이다.

불투명한 유리가 끼워진 나무문을 열자, 서늘하게 찬 공기가 피부에 닿았다. '아, 극락에 온 건가.' 밖이 눈부셨던 탓에 어두운 실내에 처음 들어섰을 때는 아무것도 보이지 않았다. 눈이 실내에 적응하자 뭔가 둥실 하고 떠오르는 듯했다. 잠시 가만히 그 광경을 보고 있는데 눈앞에 엄청난 수의 책이 그 모습을 드러냈다.

가게 정중앙에 있는 나를 에워싸듯, 책장이 벽에 빈틈없이 둘러쳐져 있고, 그 높이만도 천장에 거의 닿을 듯하다. 마치 책에 습격당하는 것은 아닐까 하는 착각이 들 정도로 압박감이 느껴진다. 바닥도 책장도 월넛으로 꾸며져 있어 진한 브라운이 중후함을 전한다. 묵직한 느낌의 가게 안은 이국의 뒷골목에 있는 서점에 들어온 듯한 기분을 들게 한다. 장소나 시대를 전혀 감 잡을 수 없다. 이 작은 섬에 이런 서점이 있을 거라고는 믿을 수 없는, 마치 꿈을 꾸는 듯하다. 신비하고 유쾌한 꿈.

5분 정도 지났을까. 책과 뒤섞여 어디가 문인지 헷갈리는 와중에 작은 문이 열리며 할머니 한 분이 모습을 드러냈다. 90세는 족히 넘었을 듯, 통통한 몸을 가느다란 지팡이에 의지한 채다. 품위 있는 백발은 짧게 잘라 그녀의 활발한 인상을 더욱 돋보이게 한다.

"어서오세요. 요나미네 가마드메가입니다."

갑작스런 자기소개와 가마드메가라는 이름에 살짝 당황했다. 자기소개 다음은 일반적인 책방에서 주고받는 말들이 오갔다.

"어떤 책을 찾고 계신가~?"

"음…… 이 섬에서 읽을 만한 책을 찾고 있는데요."

잠시 생각에 빠졌던 그녀는 지팡이를 세워두고 족히 3미터는 될 사다리를 타고 오르기 시작했다. 철학, 역사, 지리, 문학 관련 서적이 꽂힌 책장이 즐비하다. 그 안에는 영어, 스페인어, 중국어 책도 있는 듯하다. 문학 책장의 천장 가까이, 가장 상단에서 단행본 한 권을 골라 꺼낸 가마드메가 씨가 사다리를 타고 내려왔다. 그녀가 내민 책은 『류流』(2015년, 제153회 나오키상 수상작).

의외다. 상당히 의외다. 이 섬에서 느긋하게 읽을 만한 고전물을 추천해줄 거라고 생각했는데…… 예를 들어 『바다의 선물』(앤 모로 린드버그 지음) 같은 책이라든지.

"이 책을 읽으면 타이완에 가고 싶어질 거유. 타이완이라면 바로 옆이기도 하고."

추천 받은 대로 『류』를 구입한 후, 내일 다시 방문하기로 약속했다.

민박집 주인아주머니에게 가마드메가 씨에 대해 물었다.

"그 사람은요, 젊은 시절에 섬을 떠나 남미에서 생활했다고 합디다. 아마 그곳에서 상당히 성공한 것 같아. 8년 전에 다시 섬으로 돌아와 책방을 시작했는데, 나는 미스터리를 좋아해서 거기 자주 간다우."

그 정도의 책을 갖추고 있다는 거다. 역시 평범하지 않은 인생을 보냈을 게 틀림없다.

다음날 정오를 조금 넘겨 다시 책방을 찾았다.

"막 점심을 먹을 참이었는데, 같이 먹을라우?"

그렇게 말한 후 가마드메가 씨가 나를 안쪽 방으로 안내해주었다. 어제 그녀가 등장한 작은 문을 열고 들어서자 반짝 하고 알전구에 빛이 들어왔다. 복도는 한 사람이 겨우 지나갈 정도의 폭으로, 양옆으로 여기까지! 하고 놀랄 만큼 책이 산처럼 쌓여 있다.

"후후후, 이 복도는 미술 코너. 판매하는 건 아니고, 개인 소장이라우."

회화, 건축, 영화로 크게 분류되어 있는 와중에 화집은 종교회화, 인상파, 야수파, 입체파, 추상회화, 팝아트로 다시금 세분화되었다. 복도를 지나 안쪽 방에는 작은 부엌이 있고, 그곳에 2인용 다이닝 테이블과 침대, 선풍기가 놓여 있다. 서점에 비해 상당히 간소한 풍경이다.

"이건 엠파나다. 남미에서 자주 먹는 음식인데, 고기랑 채소를 넣고 구운 파이라우. 내가 만든 엠파나다, 맛이 아주 좋아."

향신료 향이 가미된 엠파나다를 볼이 미어지게 먹으며 어제 민박집에서 들은 이야기를 꺼냈다.

"꽤 젊은 시절에 섬을 나가셨다고요?"

"중학생 때, 나하에서 부임한 선생님이 종종 책을 빌려주셨는데, 책 읽는 게 좋아져서 말이지. 완전히 책에 빠졌지, 뭐유."

섬 밖으로 나간 적이 없던 그녀는 책 덕분에 자신의 세계가 확장되었다고 한다. 신화라든가 대륙, 사교계, 숲, 혁명, 호수, 귀족과 모험. 본 적 없는 세계가 머릿속에서 점점 넓어져갔다. 언젠가 이 눈으로 직접 보고 싶다.

그러던 어느 날, 선생님이 나하로 돌아갈 것을 알았을 때 더이상 책을 읽을 수 없다는 게 무서워졌다. 선생님이 탄 배에 몰래 잠입해 섬을 나왔다. "책이 없는 세계 같은 거 생각할 수도 없었지." 섬에서는 사랑의 도피라며 난리가 났지만, 그녀는 돌아가지 않고 선생님의 본가인 큰 농가에서 일을 도우며 생활했다. 그곳에서의 생활은 힘들지 않았다. 그러다 함께 일하던 남성과 결혼했다.

이윽고 오키나와전투가 발발했다. 남편이 징병된 이후에는 북부로 피란을 떠난 터라 어떻게든 목숨을 부지할 수 있었다.

"전쟁이 끝난 후에 전부 불에 타 재만 남은 집으로 돌아왔지. 그러고 나서 1년 정도 후에 기지를 만드는 일(군작업원)이 시작되었다우. 남편도 그곳에서 일하고 있었어. 살기 위해서. 현장에서는 가장 위가 미국인, 그다음이 필리핀인, 세번째가 일본인, 말단이 오키나와인이었어. 말도 못하게 일이 험했지."

가족이 늘어도 불도저로 미군에 착취당한 만큼 토지는 줄었다. 밭도 없이 미래에 대한 불안만 커져갔다. 그런 하루하루를 보내면서 숙부 일가가 남미로 이민을 간다는 이야기를 들은 가마드메가 부부는 어느덧 남미에서 활로를 찾기 시작했다. 볼리비아 생활은 가난하고 힘들어서 생각하기조차 싫은 눈치였다. 침묵이 깊은 만큼, 그 이상 묻기도 어려웠다.

"먼저 브라질로 떠난 삼촌이 우리를 불러주었지. 정말로 감사했어."

삼촌이 운영하는 세탁소 일을 도우면서 마침내 부부도 독립해 성공했다고 한다.

"남편하고 아침부터 밤늦게까지 일만 했지. 자식은 둘. 의사와 대학교수가 되었다우. 그래서 다시 책을 읽기 시작한 거지. 여유가 생기면서 미술책도 모을 수 있게 되었고. 처음엔 미술이 뭔지도 몰랐어. 그런데 「게르니카」를 보고 난 후에 바뀌었지. 자유에 대한 갈망이 내 안의 저 밑바닥에도 흐르고 있다고 느낀 거야."

나는 가마드메가 씨의 이야기에 점점 빠져들었다. 그녀의 이야기가 내 영혼을 흔드는 듯했다.

"일본 작가의 책도 읽고 있고 말고. 좋아하는 작가는 야마모토 히데요天本英世. 싫어하는 작가는 미시마 유키오三島由紀夫. 그 사람, 어딘가 모르게 기분 나빠."

선풍기가 규칙적으로 목을 양옆으로 돌리는 것을 바라보면서 브라질에서 생활한 그녀를 머릿속에 그려보았다. 작은 섬에서 책을 탐독하던 어린 소녀가 이국에서 책과 재회하는 모습을. 그녀 나이 83세 때 험난한 세월을 함께 살아낸 남편이 세상을 떠났다.

"그래서 오키나와로 돌아오신 건가요?"

"아니 아니, 세계우치난추대회• 있지? 그게 계기가 되었지. 기왕지사 태어난 섬을 다시 한 번 보고 싶다고 생각해서 돌아왔는데, 그때까지도 어머니가 건재하시던 때라 나를 보시더니 눈물을 흘리면서 손을 꼭 쥐고는 놓지 않으셨지. 그래서 돌아가지 못했다우."

어머니가 돌아가신 후에도 섬에 남기로 정했다.

"섬에는 책방이 없었어. 책방 정도는 있는 게 좋잖우. 이런 작은 섬에서 누가 책을 사느냐고 묻는 사람도 있지만, 그게 또 예상과 달리 모두 산단 말이지. 전부 독서가야. 책은 어떻게 모았게? 가지고 있던 책을 딸한테 부탁해서 브라질에서 모두 받았어. 물론 신간은 매입하는 거지만. 인터넷으로 샤사삭(재빨리)."

"참고로 어떤 책이 인기 있나요?"

"『밀레니엄』. 섬 사람들 모두가 읽었지. 처음에는 아무도 읽기 싫어했어. 근데 한 권 읽지? 그다음은 두 권, 세 권 금세 사러 와서 모두 수면 부족에 시달렸다우. 후후후."

설마 이 동남아시아의 일각이라고 생각되는 작은 섬에서 스웨덴 소설이 인기 있을 줄이야.

"그 여자아이가 좋은 게지. 리스베트 말야. 그 아이를 보고 있으면 지면 안 될 것 같단 말이야."

전쟁 때도 볼리비아에서도 책을 읽을 수 없었다. 하지만

• '우치난추'는 오키나와인을 일컫는 오키나와 말로, 1990년부터 약 5년마다 오키나와현이 주축이 되어 고향을 떠나 해외에서 생활하는 오키나와인들을 초청해 국제 교류 네트워크를 만들어가는 행사다.

책이 있었기 때문에 살아낼 수 있었다. 섬에서 읽었던 책을 머릿속에서 몇 번이나 반복해서 떠올렸고, 그때마다 책의 등장인물들이 격려의 말을 건넸다. 그렇게 말하며 그녀는 지팡이를 짚고 방을 나갔다. 다시 돌아온 그녀의 양손에는 『밀레니엄』 시리즈와 야마모토 히데요의 『스페인 순례』가 들려 있었다.

"이거 가지고 가시게나."

"네? 괜찮습니까?" 하고 거절하는 내게 그녀가 말했다.

"세금 포함해서 15,216엔입니다."

넓은 세계가 보고 싶어 섬을 뛰쳐나온 그녀는 다시 섬으로 돌아왔다. 그녀가 얼마나 많은 세계를 보고 왔을지 나는 모른다. 하지만 세계의 중심이 있다고 한다면 그것은 이 책방인지도 모르겠다고 생각했다.

출항 시간이 다가왔다.

"또 꼭 오겠습니다"라고 말하는 내게 그녀는 웃음기 가득한 얼굴로 말했다.

"자, 당신이 가고 싶은 곳, 어디라도 날아가버려."

'시마노혼야' 인기 도서 베스트 3

❶ 스티그 라르손, 『밀레니엄』 1, 2, 3권

❷ 요네하라 마리, 『올가의 반어법』

❸ 다비드 라게르크란츠, 『밀레니엄』 4권

HOLE

도쿄도 세타가야구

우치누마 신타로(혼야B&B)

도쿄도 세타가야구 기타자와, 차자와도리에서 이케노우에 방면으로 언덕을 조금 올라가면 무수히 많은 갈색 맨션 주택지가 나온다. 그중 한 곳 2층에 옛 동료인 혼다 요미코의 자택 겸 쇼룸이 있다. 안내장에는 약속만 적혀 있을 뿐, 구체적인 장소는 공개되어 있지 않았다. 혼다는 내가 근무하는 출판사를 수년 전에 그만두고, 혈혈단신으로 미국으로 건너가 'HOLE'의 창업 멤버가 되었다. 캐치프레이즈는 "당신의 방을 당신만의 책방으로"이다.

2016년 5월에 드디어 론칭을 했지만, 고급 서비스라서 그런지 일부 출판업계 관계자를 제외하고 일반인에게는 거의 알려져 있지 않다. 미국의 부유층 커뮤니티를 중심으로 극히 조용하게 조금씩 이름을 알리고 있다고 한다. 그리고 7월, 혼다는 일본 법인을 설립하기 위해 귀국해 남편과 고양이 두 마리와 함께 생활하고 있는 자택의 일부를 당장의 영업과 개발의 거점으로 삼았다.

"정말 오랜만이네요. 어서 들어오세요"라고 말하며 혼다는 현관을 들어서자마자 오른쪽에 있는 문을 열었다. 약 3평 정도 크기의 양실洋室이다. 정면에는 작은 창이 나 있고, 그 주변에는 여러 나라에서 모은 듯한 민예품과 새 장식품이 가득 진열되어 있다. 방 가운데에는 앤티크 테이블과 의자가 두 세트 있고, 오른쪽 안과 바로 앞 벽 두 면을 가득 메울 만큼의 나무와 스틸로 조립한 책장이 있다. 상단에는 고서적으로 보이는 추오코론샤中央公論社판 『가네코 미쓰하루金子光晴 전집』과 고지마 노부오小島信夫의 『이별 이유』 전3권 등이 자리한다. 한편 중앙에는 아마도 아직 읽지 않았을 것으로 보이는, 갓 출간된 화제의 도서가 새것처럼 아주 깨끗한 상태로 놓여 있다. 거기에 『우주 형제』나 『원피스』 등 인기 만화의 최신간도 섞여 있다. 창에 쳐진 두꺼운 커튼은 책을 햇빛으로부터 보호하기 위한 것이겠지. 아무리 봐도 개인의 장서라는 느낌이다.

혼다가 차를 내리는 동안 책등을 차례로 훑어보았다. 눈앞에 지나치게 적나라한 무언가가 있어서, 혼다는 이런 데 관심이 있는 걸까, 하고 타인의 감추고 싶은 비밀을 엿본 듯한 죄책감에 시달리며 타인의 책장이라는 것은 대체 왜 보는 쪽이 부끄러워지는 건지 알다가도 모르겠는 심정도

든다. 그 순간 눈앞에서 뭔가가 움직였다. 혼다가 키우는 고양이인가 하고 생각했지만, 두 마리 모두 내 등 뒤에 있다. 그럼 대체 정체가 뭐지? 나는 전체가 시야에 들어오도록 정면을 바라본 상태에서 한 발 뒤로 물러서며 책장으로 향한 두 눈을 크게 떴다. 움직이지 않는다. 그대로 천천히 2보 더 물러났을 때, 눈앞에서 움직임의 정체를 보았다. 그리고는 비틀대며 내 뒤에 있던 고양이를 밟고 말았다.

움직인 것은 책등 표지였다. 좀 전까지 사사키 아타루의 『전쟁과 한 사람의 작가』였던 책등이 다음 순간, 야마구치 요지山口謠司의 『일본어를 만든 남자, 우에다 가즈토시와 그 시대』로 바뀌었다. 손에 들고 보자 그 매끈한 감촉은 종이가 아니었다. 400페이지 정도의 전자 페이퍼로 만든 책이다. 그러고 보니 수년 전, 구부러지는 전자 페이퍼가 곧 실용화될 예정이라는 기사를 어디선가 본 기억이 떠올랐다.

테이블에 컵을 내려놓는 소리에 깜짝 놀랐다. 차를 들고 돌아온 혼다가 "넘겨보세요"라고 말한다. 그녀의 말대로 펼쳐든 페이지에서 한 장, 두 장 하고 차례로 넘겨보았다. 살짝 두툼한 표지, 얇은 본문 용지. 종이책과 별반 다르지 않다. 제본된 면으로 눈을 돌리니 익숙하지 않은 방식을 하고 있다. 본문 몇 쪽을 겹쳐 가운데 부분을 잡고 약간 힘을 줘 당겨보았다. 그러자 본문 용지가 마치 자석에서 떨어지

듯 제본면에서 뚝 하고 떨어져 나왔다. 열여섯 페이지 단위가 하나의 모듈로 구성되어 있는 듯했다. 조절장치가 찰칵 하고 움직여, 떨어져나온 용지만큼의 두께가 조절되고, 책등 표지의 디자인이 재구성된다. 본문의 글자 크기도 조금 작아진다. 움직임이 다소 원활하지 않은 듯하지만, 그럼에도 수년 전의 킨들kindle과 비교해보면 놀라울 정도로 매끄럽다. 그대로 열 페이지 정도 넘겼다. 그러자 본문 상단에 "여기부터는 유료입니다"라는 팝업 창이 떴다. 알림창에는 "1,987엔(497엔 할인)"이라는 가격이 표시되어 있다. 그 밑에 "찜하기" "보관함에 넣기" "바로구매" 세 가지 버튼이 있고, 그중 하나가 깜빡인다.

혼다는 의자를 끌어다 내게 앉으라고 권하며 "사기 전의 책을 자신의 책장에 꽂을 수 있는 것이 이 서비스의 본질이라고 생각해요"라고 말했다. 책장에 꽂힌 책 대부분은 혼다가 소중히 해온 장서로 종이책이다. 하지만 장서의 20~30퍼센트는 HOLE이라는 전자 페이퍼 책자가 섞여 있다. 슬쩍 봐서는 구분이 되지 않는다. 이 HOLE이야말로 "당신의 방을 당신만의 책방으로" 만들기 위해 책장에 낸 무한의 세계로 통하는 '구멍'이라고, 혼다는 그 이름의 유래에 대해 설명했다.

우선, 세 권의 HOLE과 바코드리더로 구성된 기본 키트

를 구입한다. 오너는 장서 안쪽에 있는 바코드를 스캔하고 없는 것은 책 제목을 등록한 후 책장에 HOLE을 둔다. 그러면 등록된 책의 데이터를 근거로 선택한 추천 책이 교대로 표시되는 구조다. 과거에 추천받은 책의 아카이브를 살펴볼 수도 있다. 물론 일반 전자책 단말기처럼 자신이 검색해서 찾은 책을 표시하는 것도 가능하다. 마음에 든 책은 우선 '찜하기'에 넣어두면 언제든지 꺼내볼 수 있다. '보관하기'를 선택하면 해제하기 전까지는 자동으로 바뀌거나 하는 일은 없다. 지금 '보관하기'를 누르면 일시적으로 『일본어를 만든 남자, 우에다 가즈토시와 그 시대』로 고정되어 선반 위 좋아하는 장소에 놓을 수 있다는 것이다. 그리고 정말로 읽고 싶어졌을 때 '구입하기'를 누른다. 일련의 행동을 반복하는 사이, 추천의 정확도는 비약적으로 올라간다. 선반에 올려둔 HOLE은 무한으로 추가가 가능한, 많으면 많을수록 상품이 역동적으로 변화하는 개인에 최적화된 '서점'이 된다. 빌 게이츠나 마크 주커버그가 자택의 책장 대부분을 HOLE로 꾸미고 있다는 소문이 그럴 듯하게 떠돌 정도다.

"사기 전의 책이라는 것은 곧 그 사람의 '최신 관심'이라는 것이지요. 그 최신 관심과 자신의 장서라는 '과거의 관심'을 연결해, 공간을 물리적으로 점유하는 것. 사람이 그 공간에 몸을 둘 수 있는 것이 책장이라는 인터페이스의 가장 뛰어난 점이라고 생각해요." 혼다는 계속해서 "비슷한 서비스를 VR 공간 내에서만 즐길 수 있는 시스템을 개발하는 업체도 있어요. 오히려 그쪽이 더 많을지도 모르겠네요. 아무것도 없는 방에서 스마트폰을 대보거나, 헤드셋을 쓰면 거기에 무한의 책장이 펼쳐지는 거죠. 포켓몬 대신에 책이 튀어나오는 것 같은 느낌이랄까요. 어플리케이션을 다운로드하는 것만으로 사용할 수 있으니까 일반에 보급되는 것은 사실 그쪽일지도 모른다고 생각합니다. 하지만 예를 들어 한정된 사람들을 위한 고급 서비스로 자리잡는다면, 인간과 실재적 책장이 있는 공간과의 관계를 추구하는 것이 우리들의 미션입니다. 대량생산이 가능하다면 조금씩 가격은 내려갈 테고요"라고 말하며 혼다는 애정 가득한 눈으로 책장을 바라봤다.

또 한 가지 특징도 그것과 관계되어 있다. '구입하기'를 누른 직후 HOLE로 연결해 읽을 수 있는 것은 물론, 곧바로 종이책도 발송되어 다음날 받아볼 수 있다는 것이다. "종이보다도 『HOLE』이 고급품이니까요. 읽고 마음에 든 책은 종이책으로 사서 선반에 두고, 『HOLE』은 또다른 책으로 바꿔서 두는 사용법이 일반적입니다. 어디까지나 책장을 최상의 상태로 만들기 위한 서비스지요. 책장이 꽉 차

더이상 놔둘 수 없는 종이책은 센터로 보내면 반영구적으로 보관이 가능하고, 필요한 때에 언제든 『HOLE』에 표시할 수 있어요. 물론 맡긴 현물의 반송도 한 권부터 가능합니다. 이런 서비스를 사용하고자 하는 사람은 결국, 종이책을 좋아하는 사람이라고 할 수 있겠네요." 부끄러운 듯, 하지만 자랑스럽다는 듯, 혼다는 그렇게 말하며 "더 구체적인 사항은 이걸로……" 하고 팸플릿을 내밀었다. 거기에는 고급차 한 대를 살 수 있는 금액이 적혀 있었다.

"꼭 지금 계시는 곳의 책을 유통하고 싶습니다. 부디 사장님을 설득해주세요." 혼다가 갑자기 자세를 고치며 내게 고개를 숙였다. 우리 출판사는 업계에서도 손에 꼽히는 대기업이다. 전자책에 대한 대응은 늦었지만, 지금은 나름 순조롭게 매출을 늘리고 있다. 하지만 이것을 실현하려면 안쪽면의 데이터뿐만 아니라, 책등 표지를 포함한 전체의 정확한 데이터가 필요할 것이다. 디자인도 세세한 레이어로 나눌 필요가 있는 등 준비만 해도 상당한 작업이 소요된다고 생각하자, 혼다는 그런 내 생각을 꿰뚫어본 듯 다음과 같은 말을 덧붙였다. "물론 데이터의 작성과 그 외의 잡무는 이쪽에서 맡아서 처리하겠습니다. 저자들의 허가만 부탁드릴게요."

혼다의 방이 매력적인 '책방'임에는 틀림없다. 그렇다면 출판사로서는 당연히 긍정적으로 검토할 만하다고 사장님에게도 그렇게 전하겠다고 말하며 혼다의 집을 나왔다. 다음 약속이 VR 회사라는 것은 말하지 않은 채.

'HOLE' 인기 도서 베스트 3

❶ 케빈 켈리, 『인에비터블 미래의 정체』

❷ 토마스 포스터, 『교수처럼 문학 읽기』(개정판)

❸ 브라이언 크리스천·톰 그리피스, 『알고리즘, 인생을 계산하다』

꿈의 편집

임페리얼 프레스

아야메 요시노부(아사히출판사)

'자비 출판'을 두고 요즘 일본에서는 '리틀 프레스', 옆 나라 한국에서는 '독립 출판물'이라고 부른다. 이러한 자비 출판은 기획, 집필·편집, 인쇄에서 유통까지 거대 자본의 힘에 기대지 않고 모든 것을 독립적으로 행하면서 500부, 1,000부 정도는 팔아보자는 것이라서 세간의 주목을 받고 있다. 내용도 섬을 둘러본 여자 고교생의 어느 여름날의 추억을 엮은 사진집 『EZ DO TRAVELize』부터 일을 끝내고 돌아온 아버지가 매일 밤 사쓰마 시라나미•을 한 손에 들고, 비즈니스의 요점을 전하는 『판매의 규칙』까지 실로 다종다양하다.

• さつま白波. 가고시마현에서 생산되는 술.

그런 독립 출판의 바다에 지금, 조용하고 확실한 파도가 일기 시작했다. 뭐든 '궁극의 리틀 프레스'라고 들었다. 이 물결은 도요하라 우미 씨(32세)로부터 시작되었다. 이전에는 도내 출판사의 신간 출판부에서 편집자로 근무했었다는데, 이번 가을에 독립해 출판사 'Imperial Press'를 혼자서 만들었다.

"매달 한 권은 편집 담당을 맡은 책 1만 부를 전국의 서점에 보내서 팔리면 광고를 붙이고, 팔리지 않으면 손을 터는 그런 일을 10년이나 계속하다보니 아무래도 지치더라고요."

도요하라 씨의 전환기는 지금으로부터 겨우 한 달 전으로 거슬러 올라간다.

"출장을 갈 때마다 자주 머무는 호텔에서 고객 대상 캠페인을 열었는데 우연히 제가 카타르항공 퍼스트클래스에 당첨이 되었습니다. 중동 여행은 처음이었는데 안전벨트를 매고 옆을 보니 한눈에 봐도 고귀한 분이 담소를 나누고 있었습니다. 카타르국의 모자 왕비였지요."

사정을 모르고 당황하던 도요하라 씨에게 모자 왕비가 말을 걸어왔다. 그 후 도요하라 씨의 상냥한 성격이 빛을 발하며 두 사람 사이에는 자연스럽게 대화의 꽃이 피었다.

"에디터로 일하고 있다고 말하자 자신이 계속 책으로 만들고 싶다고 생각한 기획이 있다며 왕비가 말씀하셨어요. 그녀가 패션에 관심이 많다는 사실은 이미 국내외에 잘 알려져 있습니다. 유명한 오트쿠튀르 의상을 입고, 발렌티노 회생에 자금을 댄 회사의 배후로 그녀의 이름이 언급될 정도지요. 자신이 어릴 때부터 그리고 모아온 옷의 데생이 상당히 많아서 그것을 책으로 만들고 싶다고 했어요."

하지만 누구라도 '어째서 극동에 사는 무명의 편집자에게 그런 의뢰를 하는 걸까?' 하고 생각할 만한 사건이다. 왕실, 심지어 세계에서 가장 부유한 나라에서 마음만 먹으면 얼마든지 손쉽게 만들 수 있을 텐데 말이다.

"저도 정말 놀랐습니다. 하지만 그녀는 일본의 전통적인 옷감 만들기에 오래전부터 관심을 갖고 있었다고 해요. 그런 훌륭한 기술력과 자신의 기획이 만난다면…… 하고 계속 생각을 해왔던 듯합니다. 그런데 더욱 놀라웠던 건 만드는 것은 단 한 권만으로 족하며, 돈이 얼마가 들든 상관하지 않고, 그것을 자신이 3,000만 엔에 사들이겠다는 제안이었습니다. 저도 뭔가 말이 안 된다고 생각했습니다만.(웃음)"

도요하라 씨는 현재 이 '왕실 프레스' 제1탄 『MOZA MODE』를 실현하기 위해 일본 각지를 돌아다니고 있다. 돗토리에서 인슈와시• 장인에게 배운 대로 정성을 들인 종이를 만들고, 나라의 표백 작가에게 지도를 받아 전통적인 제조법으로 삼베를 만든다. 각각 본문 용지와 표지에 쓰일 예정으로, 모자 왕비의 다채로운 필적은 이 책을 위해 새롭게 만들어지는 특수 천연 암석 가루 물감으로 인쇄된다. 원화의 얼룩과 주름도 충실하게 재현. 제작은 순조로워서 내년 봄에는 완성될 예정이라고 한다.

"단 한 사람만을 위한, 단 한 권의 출판이니 궁극의 임페리얼 프레스라고 할 수 있지요. 물론 사소한 착상이 다수의 독자에게 어떻게 하면 닿을 수 있을지 궁리하는 것이 편집의 묘미이기 때문에 여러모로 고민은 있습니다. 하지만 출판계에서는 자주 '추상적인 다수의 독자를 설정하기보다 구체적인 한 사람의 독자 얼굴을 떠올려야 한다'라는 말을 하잖아요. 그러니까 그 원점을 생각할 요량으로 하고 있습니다."

왕실 간의 커뮤니티 네트워크라는 것이 아무래도 세계에는 존재하는 듯, 모자 왕비의 프로젝트에 대해 묻는(듯한) 왕실·귀족의 문의가 벌써 세 건이나 있었다고 한다.

"아직 구체적으로는 말할 수 없습니다만, 오만과 덴마

• 因州和紙, 돗토리현에서 만들어지는 일본의 전통 종이.

크, 부탄의 왕실 관계자에게 메일이 왔었습니다. 아직 성과도 없는데 희한한 일이지요. 하지만 내심 조만간 일본 왕실과도 연이 닿기를 바라고 있다고 할까요. 아이코 님이나 히사히토 님이 만든 예술작품이 궁금해서요. 해마다 12월에 열리는 〈궁내청 직원 조합 문화제〉를 언젠가 보러 가게 되면 제가 먼저 작품집을 제안하고 싶을 정도입니다. 어떻게 하면 왕실과 접촉할 수 있을까요?(웃음)" 하고 당돌한 미소를 짓는 도요하라 씨는 그 사이 '임페리얼 프레스'가 궤도에 오르면 '삼대째 PRESIDENT' '&Prime Minister'가 될 기획을 실현하고 싶다고 한다. 상상의 착지점조차 집어 삼키고자 하는 이 무시무시한 아이디어가 앞으로 출판계에 어떤 물결을 몰고 올지 그 결과가 기대된다.

아톰쇼보

アトム書房

도쿄도 지요다구

모리오카 요시유키(모리오카 서점)

동일본 대지진 이후, 도쿄역 앞에 KITTE가 문을 열었을 때 정면 입구에 커다란 벚꽃 사진이 걸려 있었습니다. 그 벚꽃은 후쿠시마현 미하루마치의 천년 수목 '다키자쿠라滝桜'였습니다. 저는 그것을 본 순간, 후쿠시마뿐 아니라 일본 전 지역 사람들이 모두 한마음으로 재난 극복을 바라고 있음을 알리는 메시지 같다고 생각했습니다. 혹은 '그래도 벚꽃은 계속 핀다'는 강인한 생명력이 느껴지기도 했지요. 정말 감동했습니다. 이 벚꽃 사진 앞에서 눈물짓는 분도 있었어요. 벚꽃에 맡긴 기억이 사람들에게 전달되고, 그것이 각지로 퍼져나가는 것. 일본 전역의 사람들이 오고 가는 도쿄역 앞에 이런 사진을 걸어둔 의미를 마음 깊이 느낄 수 있었습니다.

아톰쇼보는 원폭이 투하된 후 히로시마에서 원폭 돔 앞에 불현듯 나타난 헌책방입니다. '원자'를 이름으로 내걸고 헌책을 시작으로 원폭의 열풍에 녹은 병 등을 진주군을 상대로 판매했었지요. 75년 동안 초목도 자라지 않는 환경에서 문을 연 헌책방. 기무라 이헤이•가 촬영한 당시 책방의 오두막 같은 점포를 보고 있으면 알 수 없는 힘이 전해져 옵니다. 최근에는 작가 야마시타 요코山下陽光 씨의 연구로 그 존재가 널리 알려지게 되었습니다. 야마시타 씨는 또한 2016년 7월 9일, 단 하루 아톰쇼보를 원폭 돔 앞에 부활시키기도 했습니다. 노점 형식의 점포를 SNS를 통해 보았을 때, 아톰쇼보를 부활시킨 것은 잿더미에서 피워 올린 사람들의 에너지를 계승하는 일이라는 생각이 들더군요.

그래서 저는 이참에 주식회사 아톰쇼보를 설립하기로 결심했습니다. 자본금은 1억 엔. 소재지는 도쿄역 앞 도키와다리입니다. 현재 건설 중으로, 준공 후에는 지상 61층, 약 390미터의 초고층 빌딩 최상층에 문을 열 예정입니다. 앞서 말한 역사적 배경과 의의와 함께 다음의 사업 내용에 동참해주신 건물관리회사의 전폭적인 지지와 협력을 얻어 실현하게 되었습니다. 이 회사의 문화 · 예술 지원사업의 일환으로 아톰쇼보가 업무 위탁을 받아 운영됩니다. 아톰쇼보를 도쿄역 앞에 부활시키는 것은 미하루마치의 다키자

• 木村伊兵衛, 1907~74. 일본을 대표하는 다큐멘터리 사진작가.

쿠라 사진을 KITTE에 걸어두는 것과 같은 의미가 있다고 생각합니다.

주식회사 아톰쇼보는 재활용 서점으로 운영됩니다. 필요 없게 된 서적을 일본 전역에서 받고 있지요. 10엔, 100엔, 500엔, 1,000엔, 가격은 이렇게 총 네 가지로 분류해 판매하고, 수익금 전액을 자선단체에 기부합니다. 동일본 대지진이나 구마모토 지진의 재해지역이나 고아원, 장애를 가진 사람들을 지원하는 데 사용됩니다. 2014년에 스즈키 요시오• 씨 일행이 외원外苑의 예술학사에서 가진 자선행사, '예술 애호가에 의한, 예술 애호가들을 위한 도록 방출회'를 그 바탕으로 하고 있습니다. 이 행사처럼 이제 더이상 필요 없게 된 책을 선의로 나누어줄 분들이 많다고 확신하고 있습니다. 현재 이미 5만 권의 서적을 기부받았어요. 사람들의 선의를 진심으로 기뻐하고 싶습니다.

이 건물관리회사로부터는 한 달 업무 위탁비로 1,500만 엔을 받습니다. 여기서 월세, 인건비, 제경비 등이 나가지요. 월세는 100평에 500만 엔, 인건비는 직원 10명에 500만 엔, 기타 경비는 다음과 같이 잡고 있습니다. 발송비 20만

• 鈴木芳雄, 일본 잡지 『BRUTUS』 편집장을 지냈고 현재 미술 저널리스트로 활동한다.

엔, 소모품비 20만 엔, 광열비 0엔, 교통비 20만 엔, 교제비 60만 엔, 쓰레기 처리비 10만 엔, 공과금 5,000엔. 위의 지출 내역을 모두 처리하고 남는 금액이 회사의 순이익이 됩니다. 경제라는 가치관을 계승하면서 자신이 하고 싶은 것을 실현합니다.

사원은 앞으로 모집할 계획입니다. 구인은 매거진하우스 『BRUTUS』의 '구인 특집'에서 좌우 두 페이지에 걸쳐 공개 모집할 예정입니다. 급여는 30만 엔부터. 사회보장 완비, 교통비 지급, 상여금 연간 3회, 하루 7시간 근무제, 휴식 2시간, 유급 휴가 연간 30일. 연령 · 학력 불문으로, 이 서점에서 어떤 목표를 이루고 싶은지가 조건입니다. 그것을 400자 원고지 한 매로 정리해서 보내주면, 그 뒤에 총 네 차례의 입사시험을 치릅니다. 1차 시험은 도쿄돔에서 OX퀴즈를 진행합니다. 통과자는 하와이행 비행기 안에서 2차 시험으로 페이퍼 테스트를 받아야 합니다. 그 후, 전원 하와이 관광을 즐기고, 2차 시험 합격자만 하와이에서 다시 샌프란시스코로 갑니다. 샌프란시스코에서는 시티라이트 서점에서 3차 시험으로 스피드 퀴즈를 진행합니다. 그리고 최종 통과자는 뉴욕으로 이동, 스트랜드 서점에서 마지막 4차 시험을 진행합니다. 각자 10만 엔어치의 책을 사오도록 해서 그 책을 선택한 이유를 설명하게 한 뒤 당락

여부가 정해집니다. 3차 시험까지 출제되는 문제는 책이나 출판 관계뿐만 아니라 폭넓은 분야에서 준비할 생각이지요. 예를 들어 '동일본과 서일본 중 인구가 많은 것은 어느 쪽?' '편집자가 되었습니다. 어떤 책을 기획하고 싶습니까?' '도서관 설계 의뢰가 들어왔습니다. 어떤 도서관을 만들겠습니까?' '태평양전쟁이 시작된 이유를 밝히시오' '태평양전쟁에서 진 이유를 말하시오' 등등. 패자부활도 있습니다. 비용은 모두 저희가 부담합니다. 일련의 흐름을 영상화해서 콘텐츠로 판매하는 방안도 검토하고 있습니다.

공간디자인에 대해서는 이미 공모가 이루어져서 신진 공간디자이너로 맹활약 중인 마에노 코지 씨의 안이 채택되었습니다. 완전 재활용이라는 관점에서 지상 390미터, 넓이 100평, 층고는 10미터로 이루어진 실내 중심에 소형 화력발전소를 설치할 예정입니다. 일정 기간을 거치고 남은 서적, 파손 등으로 판매에 부적합한 책들을 발전소 연료로 사용할 겁니다. 최신 기술로 책을 화석 연료와 비슷하게 취급하는 것이 가능해졌어요. 가게 안의 전력은 물론 건물 전체의 전력을 여기서 생산합니다. 남은 전력은 판매도 가능하지요. 배출되는 이산화탄소는 최첨단 장치로 빌딩 내에 심은 닥나무의 광합성에 필요한 에너지로 전환합니다. 도시 녹지화를 조성할 뿐 아니라 거기에서 종이를 뜨고, 오리지널 노트도 제작해 판매할 생각입니다.

개점식의 테이프 커팅에는 더글러스 맥아더 원수의 후손이 B-29를 타고 사이판섬에서 와주기로 되어 있습니다. 재일미국대사관, 주일 미군, 미국 국무부 및 외무성, 항공자위대, 내각부, 도쿄도의 많은 협력을 얻었습니다. B-29가 도쿄의 하늘을 나는 것은 1945년 이래 처음 있는 일입니다. 이로써 전쟁의 참극을 극복하고 서로가 이해를 도모하며, 용서를 구하는 궁극의 본보기를 전 세계에 전달할 수 있다고 생각합니다. 개점은 3월 11일로, 하루 전날인 3월 10일에 B-29가 빌딩 상공을 날며 축하 개점 전단을 뿌릴 예정입니다. 또한 맥아더 원수의 후손에게는 빌딩 내 고급 호텔 스위트룸(1박에 800만 엔)을 제공할 겁니다.

정기적으로 자선 옥션도 개최합니다. 제1회에는 진보초 소재 헌책방들의 협력하에 다음의 책들의 출품이 정해졌습니다. 가격은 최저 낙찰입니다. 『햐쿠만토다라니百万塔陀羅尼』 600만 엔, 후지와라노 사다이에 자필의 『명월기明月記』 2억 엔, 『슌규즈단칸駿牛図巻断簡』 1억 엔, 천문판 『논어』 1,500만 엔, 게이초고활자판 『일본 서기』 전2권 1,200만 엔, 잡지 『마보』 일곱 권 1,000만 엔, 동방사 『FRONT』 열 권 500만 엔, 아라키 노부요시 『제록스 사진첩』 스물다섯 권 1,000만 엔. 옥션에서 벌어들인 수익의 20퍼센트를 기

부하고, 나머지는 진보초의 헌책방에 지불하는 형식입니다. 이 이벤트를 이후의 기폭제로 삼고 싶습니다. 개점 초기에는 혼잡이 예상됩니다. 이용 가능한 엘리베이터도 한계가 있기 때문에 입장권을 발행해야 하지 않을까 합니다. 직원들에게는 이런 이벤트를 실현하기 위한 높은 지식과 체력이 요구됩니다.

이처럼 주식회사 아톰쇼보는 다양한 요소를 내포하지만, 기본적으로는 일본 최고층 빌딩에서 책이 순환하고 전기를 일으키고, 그것이 부흥의 자금으로 이어지는 것을 콘셉트로 하고 있습니다. 심지어 '우리는 어려움을 반드시 극복할 수 있다'라는 가치를 서점이 품으며, 이곳을 찾는 사람들, 빌딩을 보러 오는 사람들과 그 메시지를 공유하는 것을 목표로 삼고 있지요. 이는 현대사회에 꼭 맞는 서점의 새로운 방식을 모색하는 것이기도 합니다.

가와타니가 서점

河谷家書店

도쿄도 시나가와구

하나모토 다케시(BOOKS RUHE)

도큐오이마치선 시모신메이역에서 도보로 17분 정도 떨어진 곳에 위치한 가와타니가 서점의 가와타니 점장은 애처가다.

가와타니 씨의 예전 성姓은 시바사키. 그와의 첫 만남은 다카다노바바의 어느 카페에서였다. 20년도 더 된 얘기다. 그곳에서는 자유 참가로 시 낭송회가 정기적으로 열렸는데, 당시 나는 그곳의 단골 중 하나였다. 시바사키 씨의 등장은 알몸으로 시를 읽던 모습을 빼고도 충격적이었다. 낭송회가 모두 끝나고 패밀리레스토랑에 초대되어 주뼛주뼛 그곳으로 향했는데, 그 밤으로부터 2년 3개월 동안 시바사키 씨는 니시오기쿠보의 내 아파트에서 얹혀살게 된다.

"저, 어디에 살고 있습니까?"

"오모리가이즈라大森貝塚가 있는 오모리야."

"시바사키 씨는 몇 살입니까?"

"당신하고 비슷하다고 생각하는데."

실제로 시바사키 씨는 나보다 딱 한 살 위였다. 부모님과 함께 생활하던 시바사키 씨의 오모리의 집은 그 전날, 옆집에서 화재가 나면서 불이 옮겨붙어 완전히 잿더미가 되었다고 한다. 조용한 생활을 하고 싶었던 부모님은 기묘한 생활 방식이 억지로라도 새출발하게 되어 차라리 안심한 듯하다고. 도대체 무슨 말일까? 이야기인즉, 로버트 해리스•를 동경한 시바사키 씨는 어느 날, 자신도 서점을 열겠다고 마음먹었다. 하지만 천천히 계획하고 준비하고 저축하는 일이 싫었던 그는 어떡해서든 빨리 시작하는 편이 좋다고 생각한 듯하다. 그래서 본가의 한 곳을 빌려 개업을 결심했다. 그렇지만 본가 일부를 점포로 개조하려는 주변머리도 없었던 그는 일단 문패 아래 '시바사키가 서점'이라는 점포명을 견출지에 적어붙였다.

판매할 서적은 어떻게 구입했느냐고 묻자 아버지와 어머니의 장서를 팔고 있었다고 대답해 놀랐다. 한동안 다음 질문을 하지 못하고 있자, "아니, 고물상 허가는 상당히 간단하게 딸 수 있다"며 질문에서 꽤나 벗어난 설명을 해왔다. 획기적인 서점이지? 뭐, 헌책방이기는 한데, 평범한 집

• 요코하마 출신의 DJ 겸 작가.

으로밖에 보이지 않는다고, 점포 구조가. 하지만 영업시간 동안에는 문을 잠궈놓지 않으니까 누구나 들어올 수 있었고, 아버지나 어머니 모두 학자시라 책은 엄청 갖고 있었다고. 아버지는 민속학 전문서, 어머니는 예방의학. 하지만 두 분 모두 인문서나 만화도 좋아하는 독서가라서 서가를 꾸미기에는 충분했었지.

나는 말문이 막혔다. 그런 시바사키 씨가 약 1년 전부터 신주쿠에 있는 서점 모사쿠사模索舎에서 아르바이트를 해왔다고 한다. 신간도 다루고 싶어졌기 때문에 그곳에서 출판사와의 직거래 방식을 배운 것 같다. 서점 운영에 관한 대부분의 것을 배우고 나서 드디어 시바사키가 서점을 신간 서점으로 전환하려던 그때 화재가 났다.

"그래서 말인데 하나모토 군."

"네."

"내일부터 여기는 하나모토가 서점이다."

"……."

당시의 나는 전단지 아르바이트로 생계를 꾸리고 있었다. 대량의 전단지를 안고 거리로 나서는 일은 의외로 성격에 맞아서 나름 즐기면서 계속했다. 물론 울적할 때도 있었지만 그런 생활도 갑작스런 변화를 맞이하는 듯했다. 어쨌든 '이제부터 네 집은 서점이다'라며 일방적인 서점 개업이

결정된 것이다.

시바사키 씨는 어디에선가 책을 받아왔다. 내 장서도 미미하지만 제공하게 되었다. 3개월 정도 지났을 무렵, 원룸 아파트가 책으로 가득 찼다. 책장은 적당히 만들었다. 아니, 만들어졌다. 그래 이런 것이지. 시바사키 씨는 견출기를 가지고 와서 '하나모토가 서점'이라고 글자를 찍어 문에 붙였다. 내일부터 나는 무엇을 하면 좋을지 묻자, 전단 아르바이트를 계속하라고 대답했다.

하나모토가 서점은 주로 다카다노바바의 카페에서 시인인체 거들먹대는 사람들의 살롱으로 기능하게 됐다. 24시간 영업하면서 누구나 언제라도 출입이 가능했다. 시바사키 씨의 부모님은 넓은 식견과 올바른 판단력이 있었지만, 나는 그렇지 못했다.

점차 나는 책을 통한 동료와의 커뮤니케이션에 열중했다. 책장에서 적당히 꺼낸 파울 첼란•시집을 낭독하자 갈채를 받았고, 그 비싼 시집을 사 가지고 간 사람도 있었다. 외국 문학 스터디 등을 꾸려 움베르토 에코나 로베르토 볼라뇨•• 등을 득의양양한 듯 들어 보이며 스터디에 필요한 교

• Paul Celan, 1920~70. 루마니아 출신의 독일 시인.

•• Roberto Bolaño, 1953~2003. 칠레 출신의 소설가이자 시인.

재로 팔았다.

한동안 계속하던 전단 아르바이트도 드문드문하다가 결국엔 그만뒀다. 하나모토가 서점은 국소적이지만 화제를 불러모았다. 그것은 책방이 아니라 수상한 사람들이 끊임없이 오가는 장소라는 소문이었다. 며칠씩 여러 사람이 섞여 잠들고, 국적불명의 사람이나 밀회 장소로 이용하려는 사람들까지 나타나 점차 엉망이 되어갔다.

이렇게 하나모토가 서점은 개점 2년 3개월 만에 막을 내리고 깔끔하게 문을 닫았다. 시바사키 씨는 문에 붙인 견출 라벨을 떼고, "그럼 또 보자"라고 말한 뒤, 뒤도 돌아보지 않고 떠났다. 나는 생각하는 바가 있어 기치조지에 위치한 한 독립서점에서 아르바이트를 시작했다.

오랜만에 만난 가와타니 씨가 된 시바사키 씨는 여전히 나이를 가늠하기 어려웠다. 내 집에서 나간 후 어떻게 지냈는지는 대충 알고 있었지만, 이번에 다시금 물었다.

처음에는 모리네에서 지냈지. 물론 이번에도 객식구였어. 그때의 나는 얹혀살기 선수였달까. 너도 모리와는 친하게 지냈지. 하나모토가에도 출입했었고. 그 녀석 타워맨션 위쪽에 살더라고. 방에 DJ부스도 있어.(웃음) '모리가 서점'은 세련됐었지. 책은 별로 팔리지 않았어. 여기저기 전전해본 바로는 이러니저러니 해도 너네 집에서 가장 많이 팔리지 않았을까. 하지만 모리는 컴퓨터에 능했으니까, 통신판매 사이트 등을 만들어주었어. 그렇지만 발송하는 게 귀찮아서 매장에 와서 직접 수령으로만 운영했지. 가끔 호기심 많은 사람들이 오기도 했어. 타워맨션 위쪽 멀리. 대체 여긴 뭐하는 곳이야…… 하는 얼굴로 돌아가기 일쑤였지만.

그 후에는 무라타네서 지냈어. 글쎄 어느 집안 도련님이더라고. 무라타 군이라고 있었잖아, 자주 한턱 쏴서 잘 모였었지. 그 녀석 왜 시 낭독 따위를 했던 걸까. 지금도 의문이야. 덴엔초후의 '무라타가 서점'은 저택 안에 있는 좀 엉뚱한 서점이었어. 뭐, 서점이라고 할까, 항상 친숙한 군식구가 견출지로 출점 선언을 하는 것뿐이지만. 가게 앞에 갑자기 도베르만이 위협을 하는 서점이어서 고객이 극단적이었어. 주로 VIP들만 왔지.(웃음) 다양한 사람들을 봤다고.

하나모토 군은 잘 모를 거라고 생각하지만 기타무라, 다음에 한 게 '기타무라가 서점'이었어. 오래된 목욕탕이었지. 엄청 높은 굴뚝이 있는 클래식한 곳이었어. 하지만 남탕도 여탕도 전망할 수 있는 카운터가 있는 점은 러브 코미디 같지 않아? 병에 든 커피 우유와 함께 문고책을 파는 등 소소한 장사였어. 무라타가와는 정반대였지.(웃음) 그래도 기타무라 녀석, 상당한 야심가라서 목욕탕에서 록 음악을 하거나 하는 패거리들에 대항의식 같은 게 있었어. 그래서 내가 서점을 하자고 제안했을 때는 꽤 들떴었다고.

그리고 지금에 이르기까지 한 곳을 더 했어. 바로 집시 느낌의 '나가시마가 서점'이었지. 그 나가시마 씨라고. 당시 트레일러하우스로 여기저기 다니던 그 사람을 우연히 만났는데 내가 식객이자 책방을 한다는 것도 이미 알고 있더군. 그러더니 "자, 개점해도 돼" 하고 말하는 거야. 이런 경우는 또 처음이었어. 지금까지 전전해왔지만, 한층 전전하게 된 셈이었지.(웃음) 일본 전국 방방곡곡을.

가와타니 씨는 프리랜서 작가로 뭐랄까, 독립적이고 독보적인 생활을 하는 듯한 인물에게 흥미를 갖고 있다면서 나를 취재하고 싶다는 연락을 해왔어. 뭐, 그 후의 일 대부분은 말하지 말랬는데, 내가 가와타니 성을 따르게 된 건 순전히 가위바위보에서 졌기 때문이야.

그렇게 끊임없이 이야기를 계속하는 가와타니 씨와 지금 함께 있는 이곳, '가와타니가 서점'은 가게라기보다 누군가의 집에 방문한다는 느낌으로 찾는 곳이다. 단골이 되면 꼭 친구 집에 놀러와서 책을 사 가지고 돌아가는 것 같은 곳이랄까. 다시금 상점 안이라고 할까, 실내로 안내받으며 이야기를 들었다.

가와타니가 서점은 가와타니 씨의 본가인데, 상당히 공을 들였다고. 자 봐, 신발장을 열면, 구두에 관한 책이 놓여 있지. 『구두닦이 책』이라든가. 이거 꽤 괜찮은 신간이야. 부엌에는 레시피 북을 잔뜩 진열해두었어.

이 감실龕室을 봐봐. 일단 고사기, 일본서기를 두고 있지만 여기에서 팔린 적은 없어.(웃음) 독서 점괘 기획은 반응이 꽤 좋아. "읽을 책도 신의 가호와 함께 당신에게"라는 글귀가 마음에 꽂히는 사람도 있으니까.

옷장 한 번 볼래? 여기에는 책이 없어. 패션 잡지를 둔 적도 있었는데, 안 팔려서 그만뒀어. 차라리 여기는 옷을 공유할 수 있는 공간으로 꾸며볼까 하고 생각해서 못 입게 된 옷은 두고 가고, 반대로 옷장에서 마음에 드는 것이 있으면 가지고 가라고 하고 있지.

그 옆에 설치한 매거진 랙은 거의 대부분 『문춘』 『신조』 『여성 자신』 같은 주간지야. 이 방은 단골인 아저씨, 아주머니들의 회의실이라고 불리고 있어. 실내에서 쑥덕공론이 가능하다면서 사랑받고 있지.

안뜰? 그래, 가서 봐. 지금 여기에는 아는 원예가가 진기한 다육식물의 화분을 엄청 늘어놓고 있어. 이건 제법 팔리고 있어. 위탁 판매지만. 그 안쪽의 이끼 낀 곳에 둔 비닐 포장된 『이끼는 친구』라는 책은 우리 서점에서 숨은 베스트셀러로, 100권이 넘게 팔렸다고.

생활 제안형의 서점이란 게 있는 한편으로, 우리는 생활과 서점이 밀접하게 맞물려 있으니 생활 실천형이라고 해야 할까?(웃음)

가와타니가 서점의 명패는 견출지가 아닌, 어묵처럼 생긴 돌에 제대로 새겨져 있다.

'가와타니가 서점' 인기 도서 베스트 3

❶ 『오이마치·오모리·가마타 현지 맛집大井町・大森・蒲田ジモト飯**』, Tokyo Walker 편집부 편, 가도가와**

❷ 『도큐전철의 비밀東急電鉄のひみつ**』, PHP연구소 편, PHP연구소**

❸ 로버트 해리스, 『영어 따위, 이것만 들리고, 이것만 말할 수 있으면 세계 어느 곳이나 여행할 수 있다英語なんてこれだけ聴けてこれだけ言えれば世界はどこでも旅できる**』, 도쿄서적**

책방열차「오쿠로 가는 좁은 길호」

本屋列車「おくのほそ道号」

도쿄도 아다치구~기후현 오가키시

마에노 구미코(book cafe 카세이노니와)

해가 바뀌고 열린 첫 은하하이쿠회에서 "올해 마침내 책방열차 '오쿠로 가는 좁은 길호'가 달린다고 합니다"라고 가와베 주재가 말했다. "기간은 바쇼가 여행한 5월 중순부터 10월 초에 걸친 다섯 달 동안입니다. 여러분도 가시지 않겠습니까?" 제안을 마치고 술을 따르며 마주친 8명의 멤버는 뜻밖의 낭보를 듣고 일제히 환호성을 질렀다.

열차가 서점이 되는 이 책방열차에 관한 소문은 익히 들어왔다. 스가 아쓰코•호, 나카하라 추야••호가 서일본을 달리고 있다는 것을 말이다. 해외에는 생텍쥐페리호나 보르헤스호 등이 있다고 들었다. 그러나 뭐니뭐니해도 우리는 오쿠로 가는 좁은 길호에 타고 싶다고 갈망해왔다. 제1편

• 須賀敦子, 1929~98. 번역가이자 에세이스트.

•• 中原中也, 1907~37. 시인이자 번역가.

은 바쇼가 후카가와를 떠난 날과 같은 음력 3월 27일(5월 16일). 그렇다면 우리도 그날에 타야 하지 않겠느냐고 만장일치로 출발 날짜가 정해졌다.

책방열차는 바쇼가 구절로 삼거나 머문 적 있는 곳에 정차한다. 기타센주를 출발해 닛코, 시라카와, 이이자카를 돌아 마쓰시마를 바라보며 이와테의 히라이즈미까지 북쪽으로 내달린 뒤, 오우산맥을 넘어 산사와 데와산잔을 참배하고, 동해 쪽 아키타 · 기사카타로 나온다. 그다음은 바쇼의 시대로 말하자면, 에치고엣추•, 거기에 가가에치젠••을 거쳐서 종착지인 미노 · 오가키에 도착한다. 전차가 없던 시대의 여행을 더듬어보기 위해 선로가 없는 곳은 버스로 이동한다. 바쇼가 약 150일에 걸쳐 걸은 약 2,400킬로미터의 여정을 일주일 만에 주파하는 현대적인 여행이기는 하지만, 일주일을 여행에 쏟아 부을 수 있는 사람은 그리 많지 않을 것이다. 그럼에도 나는, 바쇼처럼 세속을 버린 사람은 될 수 없겠지만, 매일의 자질구레한 일은 덮어두고 책방열차에 몸을 싣기로 했다.

• 越後越中. 옛 지방을 이르는 말로 '에치고'는 지금의 니가타현, '엣추'는 지금의 도야마현을 일컫는다.

•• 加賀越前. 옛 지명으로 현재의 이시카와현과 후쿠이현 일대를 일컫는다.

출발지인 기타센주역에 도착하자 바쇼가 다가왔다, 라는 것은 내 착각으로, 동인同人 중 바쇼의 열혈 팬인 아키라 씨가 바쇼 코스튬플레이를 하고 온 것이었다. 삿갓과 지팡이를 양손에 들고 "이곳은 바쇼가 되지 않으면 안 되지. 그렇지?" 하고 상기된 얼굴로 포즈를 취했다. "생각해볼 일이지"라고 쓴웃음을 짓는 가와베 주재는 청바지에 코튼 셔츠 차림이다. 5명의 여성 중 세 사람은 기모노 차림. "종착지까지 기모노를 입고 가고 싶은데 가능하려나" 하고 함초롬한 눈빛으로 서로를 바라본다. 기모노파에 합류하지 않은 루미 씨와 나는 하이쿠보다 술이라는 생각에 가방 가득 와인, 일본술 등을 싸왔다. 최연소 참가자인 성실한 히가시 씨는 "하이쿠 합숙을 위해 왔습니다. 잘 부탁드립니다"라고 사이지키•를 한 손에 들고 인사를 해왔다.

플랫폼에는 오쿠로 가는 좁은 길호가 이미 멈추어 있었다. 열차는 침대차를 포함해 세 량이 편성되었다. 갈색의 자그마한 모양새로 열차라기보다 마차를 연상시켰다. 내부를 들여다보니 1호차가 통째로 서점이었다. 신간과 헌책이 섞여 있고, 하이쿠는 물론 국내외 고전문학, 식물, 민속, 예술, 역사, 종교, 천문, 건축, 대중예술에 이르기까지 1만여 권 정

• 歲時記, 하이쿠의 절기를 분류해 해설하고 예구를 실은 책.

도의 장서가 꽂혀 있었다. 책을 고른 이들은 하이진•, 바쇼와 하이쿠 연구자, 국문학자 외에도 각 분야 연구자, 해외의 일본문화 연구자도 이름을 올리고 있었다. 물론 누구나 살 수 있다. 고서의 구입과 값은 후쿠시마와 센다이에 위치한 두 곳의 고서점이 맡았다.

책장은 차내 중앙부에 등을 맞대고 창문 쪽을 향해 있다. 진동에 견딜 수 있도록 바닥은 아치형으로 설계되었고 스프링이 내장되어 있다. 책장을 바라보는데 『헤키고토구슈오스가오쓰지센碧梧桐句集大須賀乙字選』(하이쇼토)의 원본이 있는 것이 아닌가. 복각본은 몇 번이나 봤지만 다이쇼 500년 발행의 초판은 처음이었다. 자그마하지만 함에 든 모습이 중후한 분위기를 풍겼다. 편자인 오스가 오쓰지는 지금의 후쿠시마현 소마시 출신으로 학창 시절을 센다이에서 보낸 하이진이다. 고서의 가격은 역시 그 가치만큼 높다. 옆에는 오스가가 저술한 『하이쿠계의 신경향』이 나란히 놓여 있었다. 그 하단에는 전부터 읽고 싶었던 『마사키고이치구슈正木浩一句集』(신야소쇼샤)를 발견하고 순간적으로 뽑아들었다.

• 俳人. 하이쿠 짓기를 좋아하는 사람.

보름달을 되풀이하니 어느새 봄 되었네 _마사키 고이치

마쓰시마의 달을 그리며 여행을 떠난 바쇼에게도 통할 법한 구절이 담겨 있다. 우연히 진귀한 물건을 발견하고 슬며시 미소를 짓자 "아아, 선수를 뺏겼네요"라며 히가시 씨가 분한 듯이 말을 걸어왔다.

좌석은 창 쪽으로 카운터가 설치되어 있고, 자리마다 독서등이 놓여 있다. 의자는 팔걸이가 있는 편안한 안락의자다. 인터넷과 휴대전화 사용은 금지다. 음악은 작게 현대음악이 흐르고 있다. 이는 바쇼라는 사람이 전위적인 하이진이었다는 해석에서일까?

식당차와 매점으로 되어 있는 2호차에는 하이쿠회가 열릴 수 있도록 커다란 테이블이 놓여 있다. 식당차의 메뉴는 도호쿠와 호쿠리쿠 향토음식과 진미, 물론 토속주도 풍족하게 마련되어 있다. 우리는 출발 전부터 책방열차에 매료되었고, 그 엄청나게 철저한 준비에 연신 감탄만을 내뱉을 뿐이었다.

얼마 지나지 않아 차내 안내방송이 오쿠로 가는 좁은 길호의 여행의 시작을 알렸다.

새는 지저귀고 물고기 눈에는 눈물이 _바쇼

덜컹 하는 소리와 함께 열차가 천천히 나아가기 시작했다. 말이 앞으로 나아가는 듯한 속도로. "와" 하고 기쁨에 겨운 탄성이 여기저기서 흘러나왔다. 외국인 승객들도 많고, 박수를 치는 사람들도 있다.

매점에서는 일반적으로 판매하는 상품 외에 하이쿠 수첩, 색지, 단자쿠•, 작은 편지지, 붓 등 오쿠로 가는 좁은 길호만의 오리지널 굿즈와 안약, 숙취, 어깨결림약 등도 있어서 자연히 여행에 대한 기대감이 높아져갔다. 맨 뒤, 꼬리 부분의 3호차는 침대칸이다. 문에 적힌 이름을 확인한 후 들어가 짐을 내리고 침대에 길게 누웠다. 기쁨이 스멀스멀 샘솟으며 평생 이곳에서 살아도 좋겠다고 생각했다.

낮에는 책방열차에서 독서 삼매경의 시간을 보내고, 밤이 되면 하이쿠회를 준비하며 하이쿠를 짓는다. 식당차에서는 하이쿠 강좌나 독서회가 열리기도 했다. 바쇼와 인연이 있는 지역에 닿으면 안내방송을 통해 그곳에서 바쇼가 읊은 하이쿠가 흘러나온다.

아, 귀하구나. 신록의 어린잎에 어리는 햇살 _바쇼

• 短冊. 글귀를 적거나 물건에 매다는 데 쓰는 직사각형 모양의 종이.

첫번째 정차역인 닛코는 맑게 개어 바쇼의 구절처럼 산의 신록이 눈부셨다. 대체로 열차는 두세 시간 정도 멈춰 섰고, 그 사이 승객들은 주변을 산책하고 돌아왔다. 때로는 바쇼의 하이쿠를 새긴 비석을 보기 위해 버스를 타고 다녀오거나 이전에 시가를 짓기 위해 명승고적을 찾아갔다는 승객이 해설을 해주는 경우도 있었다. 나는 그 지역 특산 과자를 살 수 있기를 기대했다.

책방열차가 시라카와를 지났을 무렵, 1호차의 책장에 마사오카 시키•의 『끝내 알길 없는 글』 초고 축소판을 발견했다. 그러고 보니 시키는 바쇼가 걸은 오쿠로 가는 좁은 길을 200년 후에 걸었다. 『끝내 알길 없는 글』은 메이지 26년 여름, 스물여섯 살의 시키가 병든 몸으로 한 달 동안 도호쿠 지역을 여행한 시키판 '오쿠로 가는 좁은 길'인 셈이다.

그 사람의 발자국을 밟으면 산뜻한 바람 불어오네

_마사오카 시키

여행을 앞둔 생생한 기분이 전해져온다. 시키가 두근대

• 正岡子規, 하이쿠와 단카를 정립해 일본 근대 문학사에 지대한 업적을 남긴 시인.

는 가슴을 안고 미치노쿠•로 떠난 지 120년이 지난 후에 나도 같은 길을 여행한다니 감회가 새로웠다. 고리야마에 접어들면서 바쇼가 건넌 아부쿠마강을 책방열차도 몇 번인가 횡단했다. 바쇼 500년 전에는 사이쿄••가 있었고, 그 전에는 노인 법사•••가 있다. 그 전에는……. 책방열차가 타임머신처럼 과거와 현재를 오가는 듯한 느낌이 들었다.

책방열차를 타고 사흘째되는 날, 마쓰시마까지 얼마 남지 않은 어느 밤이었다. 그 해 첫 수확한 산리쿠 지방의 명물 해초 사시미를 우라가스미••••를 곁들여 맛을 보면서 하이쿠회가 열렸다. 모두가 궁금해하던 참이었는데 아키라 씨가 먼저 입을 뗐다. "마쓰시마의 달은 보일까?" 그의 말에 모두가 일제히 자리에서 일어나 창문을 내다봤다. 달은 두툼한 구름에 가려져 있었다. 날짜가 바뀔 시간이 되어 나를 포함한 몇몇이 먼저 자리에서 일어나 실례를 고하고 침대차로 발걸음을 돌렸다.

동시에 테이블 하나 건너에서 하이쿠회에 참여하고 있

• 지금의 후쿠시마·미야기·이와테·아오모리 네 개 현을 말한다.

•• 西行, 헤이안 시대 말기부터 가마쿠라 시대 초기에 걸쳐 활동한 무사, 승려, 가인.

••• 能因, 헤이안 시대 중기의 승려, 가인.

•••• 浦霞, 일본술 브랜드로 미야기 지방에서 생산한다.

던 일본 전통복장의 남성 6명이 침대차로 향했다. 그 뒤를 잇자, 6명은 3호차 안쪽으로 사라졌다. 아아, 일순 그들이 4호차에 묵을 거라고 생각했는데, 아니지, 책방열차는 세 량으로 편성되어 있으니 말도 안 되는 소리지! 이상하다고 생각하면서 3호차 막다른 곳까지 가보았다. 하지만 역시나 벽뿐이다. 완전 바보 같네 하고 생각하며 창밖을 내다보는데 6명의 남자가 마치 길이 있는 것처럼 씩씩한 발걸음으로 공중에 뜬 채 하늘을 향해 걸어가고 있다.

정신을 차리자 가와베 주재가 뒤에 서 있었다. "주재, 봐요. 저 사람들은!" 하고 떨리는 목소리로 묻자, "저 사람들은 맨 앞이 마사오카 시키, 그 뒤는 나쓰메 소세키, 다카하마 교시, 가와히가시 헤키고토, 사토 고로쿠, 아유카이 가이엔……. 메이지의 시인들이다" 하고 목이 콱 막힌 소리로 말한 뒤 망연하게 서 있었다.

등불 어른대는 사람 그림자 선선한 고다이도

_마사오카 시키

마쓰시마 하이쿠가 차내에 흘러나왔다. 시키가 마쓰시마에서 읊은 구절이다. 열차는 시오가마를 지나 마쓰시마항을 덧그리듯 앞으로 나아갔다.

앞으로 어떤 사람들이 책방열차에 타게 될까. 아니, 바쇼가 『오쿠로 가는 좁은 길』을 쓴 이래, 마쓰시마에 오고 싶어도 오지 못한 사람이 얼마나 많았을까.

하늘이 희미하게 밝아졌다. 달이 구름을 떠나면서 거울처럼 둥글게 빛나고 있다. 일순 하늘을 비추고는 금세 구름 속으로 숨었다.

마쓰시마의 어둠을 바라보고 있는 것은 스즈미인가

_마사오카 시키

한동안 잠을 이루지 못하고 마쓰시마역에 닿을 때까지 구름 사이를 아른대는 달을 바라보았다. 아침이 되면 미야기 출신의 하이진 아유카이 가이엔의 책을 1호차에서 찾아봐야지.

책방열차 '오쿠로 가는 좁은 길호' 인기 도서 베스트 3

❶ 『비주얼 일본 오쿠로 가는 좁은 길 바쇼가 본 풍경美ジュアル日本 奥の細道 芭蕉が見た風景』**, 각켄**

❷ 오노 가즈코, 『미치노쿠 민화 만다라みちのく民話まんだら』**, 호쿠토샤**

❸ 미야자와 겐지, 『은하철도의 밤』

서점 안 비밀 서점

아이치현 나고야시

구마가이 유카(마루젠 나고야 본점)

아이치현 나고야 시내. 낮에는 비즈니스 거리, 밤에는 번화가로 표정이 확 바뀌는 곳. 높게 솟은 빌딩 숲과 다양한 건물들이 공존하는 그곳에 한 서점이 조용히 자리잡고 있다. 언뜻 봐서는 그 모습이 보이지 않는다. 메모장에 휘갈겨 쓴 주소에는 누구나 알고 있는 대형서점의 커다란 간판을 단 건물이 하늘을 향해 당당히 위치한다. 매장 면적만 2,000평에 가까운 도카이지구 최대 규모의 대형서점이다. 수많은 독서광들에게는 이곳도 꿈의 서점임에 틀림없다. 그러나 내가 찾고 있는 것은 이 거대한 책의 정글 속에 조용히 숨어 있는 작디작은 서점이다. 상호도 주인도 정확한 위치도 영업시간도 모른다. 그저 지인의 연줄을 통해 겨우 이 서점의 고객이라는 어느 회사 사장을 만났고, 그의 소개로 이곳을 찾아올 수 있었다.

우선은 그 대형서점의 자동문 안으로 들어간다. 이 체인 서점의 실내 배치는 다른 곳에서도 몇 번이나 가본 터라 제법 익숙하다. 신간 서적 코너가 바로 앞에 있고, 그 안쪽에 계산대가 주욱 설치되어 있다. 벽에 붙은 층별 안내도에 시선을 던져, 목적지를 확인하고 에스컬레이터에서 내린다. 지하 1층 가장 안쪽, 높게 쌓인 집기에 가려진 벽면 기둥 뒤에 문이 있다. 존재를 모르면 절대 알 수 없을 것이다. 만에 하나 그곳에 문이 있다는 걸 눈치 채더라도 창고라고 생각할 게 확실하다. 하지만 이곳이 내가 그토록 찾던 서점의 입구다.

약속 시간 정각. 문이 열린다. 안경을 낀 온화한 인상의 청년이 서 있었다. 주인인가. 그 안쪽에는 다소 어두운 조명 아래 판형이 모두 제각각인 책들로 가득 찬 목제 책장이 보인다. 방금 지나온 밝은 로비와 가지런하게 정리된 철제 책장과는 대조적이다. 그건 그렇고, 이제부터 취재 시작이다.

우선 본격적인 인터뷰에 앞서 상호와 이곳의 역사 등을 말씀해주시겠습니까?

상호는 없습니다. 평소에는 '안쪽 서점'이나 '이면 서점'이라고 부릅니다. 불편한가요? 하지만 상호에 대해 생각해본 적이 없네요. 제가 이곳에 왔을 때부터 그렇게 불렸으니까요. 네, 선대로부터 5년 전에 이곳을 물려받았습니다. 서점 자체는 30년 전, 이 건물이 완성되었을 때 이 대형서점과 거의 동시에 문을 열었습니다. 업계 신문 등에서 보신 적이 있을지도 모르겠습니다만, '표면 서점'의 창업자는 이 고장 출신으로, 70년 전에 15평으로 시작한 제1호점이 그 자신이 이상으로 생각했던 서점이었다고 말한 적 있습니다. 그것을 다시 한 번 자신의 손으로 재현해보고 싶었던 것이라고 생각합니다.

'대형서점' 창업자의 이상이 15평의 작은 서점이라는 것은 좀 비꼬는 투로 느껴집니다만…….

누군가에게 물어본 건 아니라서 어디까지나 제 상상입니다만, 규모의 문제만은 아니라는 생각이 들더군요. 제가 처음 선대의 손에 이끌려 이곳에 와서 상품의 구색을 살펴보았을 때 이곳은 자신을 위해서 만든 특별한 서점이라는 인상을 받았습니다. 물론 그런 건 아니지만, 그 정도로 자신이 좋아하는 관심사에 초점을 맞춰 책장을 꾸몄더군요.

특별한 서점이라면, 고급 책이나 한정판 등 귀중한 책을 취급하는 이미지일까요?

……아아, 희귀서가 좌악 늘어선 곳이라고 생각하셨나요? 그럼 맥이 좀 빠지시겠네요. 보시면 아시겠지만, 이곳에 있는 책 대부분은 '표면 서점'에서도 취급하는 것들

입니다. 이곳밖에 없는 책 같은 건 없어요. 그런 의미에서는 보통의 신간 서점과 다르지 않습니다. 그럼 왜? 하고 생각하고 계시지요? 솔직하게 말씀드리자면, 저도 잘 모르겠습니다. 그 답을 찾기 위해 내가 이곳에서 일하는 거구나 하고 가끔 생각하곤 합니다.

점주도 모른다니 더욱 불가사의한 서점이군요.

그렇기는 한데, 일단 제 안에서는 이것이 힌트가 될지도 모른다고 생각합니다. 책과 사람, 사람과 사람의 거리가 이곳에서는 굉장히 가깝고, 고객은 원칙적으로 모두 단골뿐입니다. 책을 세세한 장르 구분 없이 연상 게임처럼 늘어놓고 있는 탓인지, 이곳을 찾는 분들은 천천히 처음부터 끝까지 책장을 훑어보시지요. 고객이 살펴보고 있는 책을 보고 제가 '이런 책도 있습니다' 하고 제안하기도 하고요. 제법 긴 시간 책을 보다가 힘이 들면 거기 놓여 있는 의자에 앉아 짧은 휴식을 취하는 손님들도 계십니다. 그러면 조용히 커피를 내려드릴 때도 있지요. 근처에 맛있는 원두 가게가 있거든요. 거기 점장은 커피 책도 낸 적이 있어서 저희 서점에서도 애용하고 있습니다. 여담입니다만, 최근에는 제가 내린 커피가 맛있다며 과자나 케이크 등을 들고 오시는 분들도 계실 정도예요. 그런 분위기다보니 반려동물이 아픈 이야기나 진로상담부터

26

결혼식 축사 첨삭까지, 이곳에서 책과 제가 도움이 될 만한 일이라면 무엇이든 상담에 응하고 있습니다. 매출에 직결되지 않을 때도 있지만요.
저희 서점은 굉장히 작아서 책을 한 권 한 권 제대로 느낄 수 있습니다. 오히려 '표면 서점'처럼 책이 가득 있다 보면 시선이 그냥 스치고 가는 경우도 있지요. 분명 어떤 손님에게나 하나의 선반에 흥미를 느끼는 책이 최소 몇 권은 있을 겁니다. 저는 고객이 그것을 발견할 수 있도록 도움을 드리는 역할을 담당하고 있습니다. 고객이 진정으로 바라는 것은 책과 책장뿐만 아니라 저 자신도 포함한 서점일지도 모른다고 생각합니다.
……음, 책 소믈리에요? 그것보다는 오히려 점쟁이에 가깝지 않을까 생각합니다. 비밀 서점에서 '이것은 분명 고객님의 마음에 들겁니다' '고객님을 위해 쓴 것 같은 책입니다'라는 식의 추천을 받으면 암시라고 할까요, 그것만으로도 책의 매력이 몇 퍼센트는 더 높아지는 것 같지 않나요?

그렇군요. 화제를 돌려, 상품의 매입 및 반품은 어떻게 하나요? 상호가 없다고 말씀하셨는데, 독자적인 방법이나 루트가 있나요?

기본적으로 상품은 영업시간 외에 '표면 서점'에서 가져옵니다. 드러내놓고 할 수는 없는 노릇이라. 표면 서점은 다수의 매입 창구를 보유하고 있어서 그중 한 곳을 배정받아 제가 발주합니다. 입고 후에는 상품팀의 동료가 책을 이동해줍니다. 반품도 마찬가지입니다. 아, 동료말인가요? 상품팀과 사무, 그 외 이 층의 담당자와 점장, 이렇게 4명이 '이면 서점'의 존재를 알고 백업해주고 있습니다. 그렇습니다. 다른 직원들은 이곳의 존재를 모르지요. 이곳의 입구에 대해서는 '열지 말 것'이라고 교육받고 있을 겁니다. 그 외 사내에서 알고 있는 것은 대대로 점장을 지낸 분들 외에는 창업자 일가, 요컨대 전前 사장과 현現 사장뿐입니다. 이곳에 대해 아는 사람이 많아질수록 비밀은 지켜지기 어려운 법이니까요.

그 비밀에 대한 것입니다만, 정말로 철저하게 지켜지고 있습니까?

고객들에게 이곳은 개인 살롱과도 같습니다. 단골이라도 반드시 서점에 오기 전에 연락을 취해야 하죠. 문은 통상 안쪽에서 잠궈두고 있으니까요. 방문하는 고객에 따라 책장에 대한 설명이나 책을 놓는 방식 등에 변화를 주기도 합니다. 신규 고객은 오랜 단골의 소개로만 받고 있습니다. 이 주변 회사의 중역분들이 많지만, 먼 곳에서 2대에 걸쳐 오시는 분들도 계십니다. 비밀은 꼭 지켜야 합니다. 그렇게까지 해서 지키고 싶은 장소냐고 묻고 싶을지도 모르겠습니다만, 비밀의 존재이기 때문에 매력적이라고 생각하지 않으시나요? 비밀을 지킬 수 있을지 없을지에 대해서 저 또한 사람 보는 눈이 있다고 자부합니다. 이 취재에 응한 것도 구마가이 씨라면 저희 서점에 대한 비밀의 부분은 잘 걸러서 써주실 게 틀림없다고 판단했기 때문입니다.

감사합니다. 그럼 마지막으로 앞으로의 서점이 가진 과제나 전망 등을 말씀해주시겠습니까?

다행히 매출은 일정하게 늘고 있어서 경영에 대한 걱정은 전혀 없습니다. 대략 상상이 가시겠지만, 저희는 일반 서점의 평균치와 비교해 객단가가 상당히 높은 편입니다. 과제는 글쎄요…… 언제까지 '비밀 서점'으로 계속 남을 수 있을까 하는 점이 아닐까요. SNS에서 입소문이 폭발적으로 확산되는 시대니까요.

앞서 말씀드렸듯이 이번 인터뷰는 1년 후 출간될 책방 가이드에 「비밀의 서점」 부분에 실릴 예정입니다. 주소, 연락처 등 모든 정보를 가려 특정할 수 없도록 할 생각입니다만, 발매 전에 한 번 보여드릴 테니 확인 부탁드리겠습니다. 오늘은 바쁜 와중에 정말 감사했습니다.

그리고 1년 후.

책 출간일이 정해져서 점주에게 연락을 취하려고 했지만 비밀의 서점은 그곳에서 자취를 감춰버렸다. 마치 처음부터 그곳에 아무것도 없었던 것처럼.

대형서점이 들어서 있던 건물 부지에는 재건축과 이전을 알리는 간판이 서 있었다.

이 글을 보신 독자분들 중에 뭔가 '비밀의 서점'에 관한 정보를 알고 계신 분은 부디 연락을 주시기 바랍니다. 불확실한 것이라도 상관없습니다. 꼭 부탁드립니다.

'서점 안 비밀 서점' 인기 도서 베스트 3

❶ 시노다 야스아키, 『원두 배전, 원두 판매, 원두 장사豆焼, 豆売, 豆商売**』, 마호로바샤**

❷ 도야마 시게히코, 『생각의 틀을 바꿔라』

❸ 시바 료타로, 『료마가 간다 1』

꿈의 영업

IIIVIIIIVIII 핫뜨거 핫뜨거 핫

와타나베 유이치(미시마사)

이번주 '출판 영업 드리머'에서는 주식회사 아타미사의 영업부장으로 근무 중인 우르시바 긴타 씨(40세)의 이야기를 들었다. 그 열정 가득한 영업과 행동력 덕분에 '버닝 우르시바'라고 불리는 우르시바 씨는 기존의 출판 인프라에 의존하지 않고 독자와의 접점을 새롭게 만들어가는 스타일로 '열정☆전도사'라는 별명으로도 불리는 등, 업계에서 상당한 지지와 인기를 얻고 있다.

사원 3명의 소규모 회사임에도 불구하고 '열정을 담아 만든 책을 따끈따끈할 때 독자에게 전달한다'를 모토로 삼은 운영 방식이 주목 받고 있습니다.

감사할 따름입니다. 하지만 아무리 회사가 주목을 받아

도 역시 주역은 '책'이니까요. 어찌됐든 책이 독자의 가슴에 닿았는지가 가장 중요하지요. 이것이 저희가 하는 일의 전부입니다. 영업으로는 일단 열정을 담아 전하고 싶습니다. 가능하다면 쓰루 짱이 먹는 어묵• 정도로 데일 만큼 뜨거운 열정을 그대로 전하고 싶습니다. 펄펄 끓는 냄비에서 직접 입으로 가져가기 때문에 뜨거운 리액션이 생생하게 살아 있는 거니까요. 저는 그것이 포인트라고 생각합니다.

일반적인 배본이 아니라 서점에서 직접 받은 주문만 응하고 그 수량만큼만 출하한다는 영업 스타일은 그 표현 중 하나인가요?

네, 저희같이 규모가 작은 회사라면 효율보다도 거리감을 중요하게 생각하고 싶었습니다. 서점 한 곳 한 곳마다 주문을 직접 받고, 직접 전달하는 방식. 앞으로도 이 점은 우직하게 고수하고 싶습니다.

하지만 서점이 1만 개 이상이나 되면 영업은 간접적일 수밖에 없지 않습니까?

바로 그 점이 과제입니다. 직접 찾아뵙지 못하는 곳에는 안내문을 보내는데, 저희가 조사해본 바로는, 서점에는

• 1980년대 인기리에 방영되었던 버라이어티 방송 「우리들은 효킨족」에서 뜨거운 어묵을 먹는 장면을 일컫는 것.

출판사로부터 FAX 안내가 매일 수백 건 이상 들어오고, 그것을 볼 시간은 한 건당 평균 0.7초라고 하더군요. SNS 홍보도 포화상태이고요. 이래서는 저희의 열정이 닿질 못하겠지요. 빠뜨리고 넘어가는 일도 일어나고요. 그렇다면 이제 어떻게 할까 고민하다 이번에 동종 업계 타사의 안내 서비스에 결코 지지 않을 연락 수단이 떠올랐습니다.

그게 뭔가요?

전서구傳書鳩입니다.

네?

비둘기요. 실은 처음에는 '묻히지 않는 뜨끈뜨끈한 간접 영업'의 방법으로 드론을 도입했습니다만, 현장의 서점원들에게 '왠지 무섭다'라는 얘기를 듣고 오히려 거리를 두게 되었습니다. "앞으로 저희 드론이 주문서를 담당할 예정이오니 잘 봐주시기 바랍니다"라고 처음에는 전화 연락을 하기도 했지만, "아, 그건 좀 곤란하네요. 손님들께 폐가 될지도 모르고"라는 반응이 꽤 많았지요. 악평에 악평이 이어졌습니다.

아니, 드론은 고사하고 전서구는 생물입니다. 어떻게 키우시려고요?

저희 회사에서 책을 내서 인연이 있는 공익사단법인과 제휴해 그곳에서 운영하는 노인 복지시설에 '비둘기 스테이션'을 만들어 육성과 운용을 위탁하고 있습니다. 현재는 여덟 곳 정도 되지요. 앞으로 더욱 확대해 나갈 예정입니다.

어째서 전서구인거죠?

드론 같은 새로운 기술을 도입하면 영업도 반드시 순조롭게 진척될 거라고 처음에는 생각했습니다. 하지만 그렇게 만만한 일이 아니었던 거죠. 그때 「큐폴라가 있는 거리キューポラのある街」라는 옛날 영화를 보고 있었는데, 거기에 전서구가 나온 거예요. "아, 이거다!"라고 생각했죠. 전서구라면 저희의 이 뜨거운 마음도 함께 전달해 줄 거라고 직감했습니다. 비둘기가 하늘을 향해 날아가는 모습이 또 얼마나 뜨끈뜨끈한지요. 시설의 할머니, 할아버지도 자신들이 정성을 다해 키운 비둘기를 올려다보며 기뻐하며 눈물을 흘리곤 하세요. "어이, 주문 잘 받아와~" 하고 하늘을 향해 큰 소리로 외치는데, 그 모습만으로도 정말 뿌듯했지요.

서점들의 반응은 어떤가요?

감사하게도 엄청 흥미를 보여주었습니다. 비둘기가 가지고 돌아온 주문서를 보면 주문 권수 옆에 한마디씩 적어주신 메시지가 정말 많아요. "기대할게요! 열심히 팔겠습니다!"라든지 "책이 오는 것을 기다리고 있습니다!"라듣지, "비둘기 귀여워요! 가슴이 따뜻해지는 기분이에요!"라는 메시지도 있었지요.

그렇게 호평이 이어지다니, 앞으로 서점과 출판사 사이를 비둘기가 이어주는 시대가 다시 도래할지도 모르겠네요.

그렇게 되면 정말 재미있겠네요. 창업한 지 10년이 지난 지금에서야 생각하는 것은 거리감이라는 것은 상대나 시기에 따라서도 달라진다는 점입니다. 비둘기를 꺼려하는 서점에 대해서는 택배 체인인 '피자 카르도' 외에 몇몇 회사와 제휴한 시스템 구축에도 착수했습니다. 저희의 열정이 그대로 느껴지는 거리감으로 좋은 제안이 만들어진다면 매장에서 책을 손에 쥔 독자의 마음에 불을 지필 수 있을지도 모릅니다. 그런 의미에서 출판 영업은 꿈을 꾸는 일이에요.

STREET BOOKS

오사카부 오사카시

모리가와 요시미(스탠더드북스토어 신사이바시)

4월 20일 (월)

날씨 맑음. 한 손에 카메라를 들고 오사카 신사이바시 거리로 나간다.

점심에 들어간 카페에서 독서 중인 여성을 찾는다. 책은 문고본으로 커버가 씌어졌다. 따라서 책의 제목은 알 수 없다. 귀중한 독서 시간인 만큼 미안하다고 생각하면서도 큰마음 먹고 말을 걸어본다.

여성은 처음에는 의아하다는 듯이 쳐다봤지만, 'STREET BOOKS'라는 '웹 서점'을 운영하고 있고, 거리에서 만난 독서하는 사람들에게 지금 읽고 있는 책이 무엇인지 물어본 후, 사진과 함께 웹사이트에 올리는 일을 한다고 설명하자, 조금씩 경계를 푸는 듯하다. 다만 사진 찍는 것은 약간 거부감을 느끼는 듯해서, 그런 경우에는 얼굴은 찍지 않고 책을 쥔 손을 앞에 놓인 식사 등과 함께 찍기도 한다고 하자, 그 정도는 괜찮다고 승낙해주었다.

그녀가 읽고 있던 책은 무코다 구니코의 『아버지의 사과 편지』다. 20대 초반으로 보이는 젊은 여성이 왜 그 책을 읽고 있는지가 궁금했다.

취재에 응해주는 사람들에게는 겸사겸사 간단한 설문도 부탁하고 있다. 질문 항목은 "지금 읽고 있는 책의 제목" "저자명" "그 책을 선택한 이유" "(막 읽기 시작했든 도중이든) 책을 읽어본 소감" "당신에게 독서는?" 이상 다섯 가지.

그밖에 나이, 직업, 시간이 허락한다면 좋아하는 책이나 작가에 대해서도 물어본다. 점심시간 중에 짬을 내서 책을 읽는 경우는 아무래도 시간이 짧아서 인터뷰가 어렵다. 오늘의 그녀도 "이제 시간이……"라고 해서 가까운 시일 내에 사이트에 기사를 올릴 테니 꼭 봐주길 바라는 마음에 URL(www.streetbooks-osaka.com)이 적힌 명함을 주고 작별을 고했다. 독서 시간을 방해해서 미안한 마음이 들면서도 동시에 오늘 일단 한 사람이라도 '독서하는 사람'을 발견할 수 있어서 굉장히 기뻤다.

근시일 내라고 말했지만 만났을 때의 현장감을 가능하면 그대로 살리고 싶어서 할 수 있는 한 그날 바로 기사를 쓰고 사이트에 업로드를 한다. 촬영한 사진에도 약간의 문장을 곁들인다. 가장 신경 쓰는 부분은 조금이라도 거기에

'읽는 사람'이 잘 드러나도록 하는 것이다.

○ 오늘의 사진 제목 〈그녀의 원점〉

- 유키 씨(23세 · 사회생활 1년차)
- 읽고 있던 책……『아버지의 사과편지』(무코다 구니코 지음)

  "본가에서 가져온 책입니다. 오랜만에 보니 그리운 기분이 든달까…… 가족이 떠오르면서 마음 한구석이 편안해지는 기분이에요."

5월 23일(토)

흐림. 오늘도 미도스지를 오가는 사람들을 바라보며 '독서하는 사람'을 찾고 있다. '독서하는 사람'은 어디에 있을까. 물론, 도서관이나 서점에 가면 많이 있겠지만 거리로 나서면 그리 쉽게 찾아볼 수 없다. 전차에 몸을 싣고 자리에 앉아 귀가하는 사람들을 봐도 일상에 지쳐 잠이 들었거나 스마트폰을 만지거나 아무것도 하지 않고 그저 멍하니 어딘가를 바라보는 사람 등 제각각이다. 그들의 가방 안에 '책'이 있는지도 모르지만. 혹은 스마트폰으로 뭔가 '읽고' 있는지도 모르고. 하지만 그런 건 알 수가 없다.

거리를 지나가는 사람을 보아도 설마 책을 읽으면서 걷

는다든지, 혹은 한 손에 들고 가는 사람도 거의 눈에 띄지 않는다.

말을 걸어봐도 대부분은 "아무것도 읽지 않는다"고 거절하는 경우도 많다. 그때는 이중으로 상처를 받기는 하지만 그럴지라도 계속해서 질문해야 한다. 그런 생각으로 오늘도 용기를 내서 누군가에게 말을 걸어본다.

○ 오늘의 사진 제목 〈휴식〉

- 가토 씨(35세 · 영업직)
- 읽고 있던 책……『진짜 나는 바보인가ほんまにオレはアホやろか』(미즈키 시게루 지음)

  "제목에 끌려서 샀습니다. 이동 중인 전차에서 보면 어깨의 힘이 빠지는 느낌이에요. 지쳤을 때는 특히 미즈키 씨의 문장이 도움이 됩니다."

6월 26일(금)

STREET BOOKS를 시작한 계기는 단순히 책을 읽는 이들의 이야기를 더 듣고 싶다고 생각한 부분이 크다. 노안이 심해져서 더이상 책을 못 읽겠다던 할머니께 우연한 기회에 『일본의 칠십 이후를 즐기다』라는 세시기歲時記 책을 보냈는데, 의외로 할머니가 기뻐하며 매일 보고 있다고 해준 것이나 애용하는 미용실의 미용사분이 머리를 자르면서 최근에 읽은 나카무라 후미노리의 『교단 X』가 너무 재미있었다고 흥분해서 이야기하던 모습 등.

그 사람에게는 별것 아닌 사소한 일일지도 모르지만, 나는 누군가의 곁에 책이 있다는 사실만으로도 기뻤다. 책은 고상한 것도 아니고, 많이 읽으면 좋다는 것도 아니다. 단지 책이 아무렇지 않게 누군가의 생활 속에 들어와 있는 것. 그것이야말로 가장 행복한 것은 아닐까 하고 생각했다. 그리고 그런 이야기를 좀더 듣고 싶었다.

책 판매는 하지 않느냐는 질문을 자주 듣는데, 아쉽게도 판매는 하지 않는다. 그런 '구조'를 스스로 만드는 것이 어려워서이기도 하지만, 책방은 단순히 책을 '파는 장소'가 아니라 '책 읽는 즐거움을 전하는 장소'이기도 하다는 생각을 하면, 책을 팔지 않고도 책을 읽는 사람을 통해 얼마든지 책을 소개할 수 있고, 그런 형식이 또다른 '서점'의 형태가 되지 않을까 하고 생각해서다.

한 가지 정해둔 것은 있다. 하루에 한 명은 반드시 소개하는 것이다. 물론 매일 인터뷰에 성공하는 것은 아니라서 같은 날에 복수의 질문에 답해준 경우에는 그것을 며칠에 걸쳐 소개하기도 한다. 이 일을 시작한 지도 어느덧 3년째로, 지금까지 취재에 응해준 사람만도 1,232명에 이른다.

본래 낯가림이 심한 내가 이런 식으로 일면식도 없는 사람과 이야기할 수 있는 것도 그 사이에 '책'이라는 공통분모가 자리하고 있기 때문이라고 생각한다.

미도스지를 걷고 있노라면 최근에는 외국인들도 많고, 말을 걸어보면 생각했던 것과 달리 다른 나라 사람인 경우도 종종 있다. 그때도 물러서지 않고, 서툰 영어지만 지금 무슨 책을 읽고 있는지 물어본다. 오늘 만난 남자는 한국에서 왔다.

○ 오늘의 사진 제목 〈여행의 친구〉

- 박 씨(24세 · 여행자)
- 읽고 있던 책…… 『노르웨이의 숲』(무라카미 하루키 지음)
  "아까 저쪽에 있는 서점에서 샀어요. 일본에 오면 이 책을 사리라고 내심 정해뒀었죠. 이 책과 함께 여행할 생각입니다."

7월 15일(수)

또 하나, 큰 영향을 받은 것은 스트리트 패션 포토그래퍼 시토 레이 씨의 존재다. 도쿄 스트리트 패션을 해외에 발신하는 웹사이트 'STYLE from TOKYO'를 주재하고 있는 시토 씨. 솔직히 나는 패션 세계에 대해 살짝 거부감이 있었지만, 패션을 즐기고, 즐거워하는 사람들의 모습을 전하고

자 하는 그녀의 곧은 시선은 아무 거부감 없이 자연스럽게 받아들여졌다. 앞서 설명한 설문이나 사이트의 구조 등 상당 부분은 'STYLE from TOKYO'를 참고해 만든 것이다.

무엇보다, 담당하는 그녀 자신이 매우 즐거워 보인다는 것이 가장 인상적이었다. 물론 내가 감히 그녀와 비교할 것은 아니지만, STREET BOOKS를 시작해서 다행이라고 생각한 것은 책을 언제나 신선한 마음으로 볼 수 있게 되었다는 점이다. 그 책에 대해 잘 알고 있다고 생각했는데, 누군가가 말하는 그 책은 전혀 다른 의미로 빛나고 있다. 그 빛을 발견하고 전하는 것. 그것이야말로 STREET BOOKS를 계속해 나가는 이유가 아닐까 하고 생각한다.

○ 오늘의 사진 제목 〈찾는 것〉

- 노리오 씨(19세 · 대학생)
- 읽고 있던 책…… 『여행하는 나무』(호시노 미치오 지음)
  "평소에 책이나 뭐 그런 거 전혀 안 읽는데요…… 근데 이건 정말 읽기 쉬워서. 여러 가지 선택지가 있었을 텐데 나는 왜 이곳에 있는가……라는 부분이 특히 지금의 저에게 훅 하고 치고 들어오는 것 같았어요."

8월 30일(일)

3년이라는 전환점을 맞이한 올해에는 어떻게든 반드시 하고 싶은 것이 있다. 바로 신사이바시에 있는 '스탠더드 북스토어'에 협력을 의뢰해 그동안 촬영한 사진과 게재 코멘트, 그리고 책을 한시적이나마 서점 안에서 함께 전시하는 것이다. STREET BOOKS의 실제판인 셈이다.

항상 사이트상에서 따로 따로 소개한 개개인의 모습을 이렇게 한 자리에 모아놓고 보면 희한하게도 그 너머의 거리 풍경이나 동시대의 공기가 피어오르는 듯하다. 기간 한정 출점을 사이트상에 고지하자, 평소 STREET BOOKS를 눈여겨봐주는 사람들과 그동안 취재에 응해준 사람들이 많이 찾아와주었다. 길에서 우연히 마주쳐 딱 한 번 말을 나누었을 뿐인데, 마치 오래전부터 알고 지낸 것처럼 반가운 마음에 이야기가 끊이지 않는다.

봄에 『아버지의 사과편지』를 읽던 여성은 요즘 이런 책을 읽고 있다며 수줍은 듯 이야기해왔다. 그때는 아직 손에 익지 않은 일 때문에 불안이 가득했지만, 최근에는 일도 제법 익숙해져서 겨우 안정을 찾았다며 웃는다. 그때그때 읽고 있는 책은 확실히 그 사람 자신과 연결되어 있다.

STREET BOOKS는 원래 가게가 없는 서점이지만, 역시 근본은 책방이 좋아서 거리에 책방이 있었으면 하는 바람으로 시작했기 때문이기에 이처럼 책을 읽는 사람과 거리와 책방이 이어진다면 더없이 기쁠 것이다.

그러니 내일도 '독서하는 사람'을 찾으러 거리로 나가야겠지.

○ 오늘의 사진 제목 〈재회〉

- 유키 씨(23세 · 사회생활 1년차)
- 읽고 있던 책…… 『나의 우주는 아직 멀다』(마스다 미리 지음)

"친구 추천으로 읽고 있어요. 주인공인 서점 직원 쓰치다 군의 수수하지만 될 대로 되라 식이 아닌 자신의 삶을 진중하게 살아내는 느낌에, 아, 나도 내일 힘내자, 라고 생각합니다."

'STREET BOOKS'에서 가장 많이 소개한 책 베스트 3

❶ 오카모토 다로, 『내 안에 독을 품고自分の中に毒を持て**』, 세이슌문고**

❷ 니시 가나코, 『아름다운 사람うつくしい人**』, 겐토샤문고**

❸ 호시노 겐, 『일하는 남자働く男**』, 분슌문고**

오가와분쇼도

小川文照堂

도쿄도 시부야구

야마시타 겐지(호호호자)

오가와분쇼도 연보

분큐 4년 (1864년)	신동으로 알려진 오가와 도베에(14세)가 일종의 용돈벌이 삼아 학우들을 상대로 '한 권 이틀 밤 세 문장'이라는 장서를 이용한 책 대여를 시작한다(현재 도쿄도 고쿠분지시).
게이오 3년 (1867년)	단골이 늘어나면서 관리사고 다발. 많은 책이 소실·파괴·손상된다. 그리하여 그해 10월, 책 대여 정지.
메이지 14년 (1881년)	신문 판매업 등으로 경험을 쌓은 도베에, 도쿄 시부야구에 고서점 '오가와분쇼도' 창업. 약 4평의 부지에서 개인 소유의 책을 한 권씩 합판에 평평하게 늘어놓는다. 책

	대여 시대의 저축은 모두 개업 자금으로 써버렸다.
메이지 17년 (1884년)	여행 중에 매장에 들른 옛 요네자와 번米沢藩 출신의 스기시마 미치코(23세)와 만난다. 그해 8월, 미치코와 사도로 사랑의 도피를 떠난 도베에. 오가와분쇼도, 일시 폐쇄.
메이지 18년 (1885년)	부모와 의절하고 미치코와 결혼. 오가와분쇼도 재개.
메이지 19년 (1886년)	장녀, 마미코 출생.
메이지 26년 (1893년)	장남, 마타고로 출생.
메이지 41년 (1908년)	산세이도 서점보다 앞서 사전 취급을 개시.
다이쇼 4년 (1915년)	이와나미 서점보다 앞서 신간 서적과 나쓰메 소세키 『마음』 취급 개시. 그해 4월, 도베에 사망. 스물두 살의 마타고로가 대를 이음.

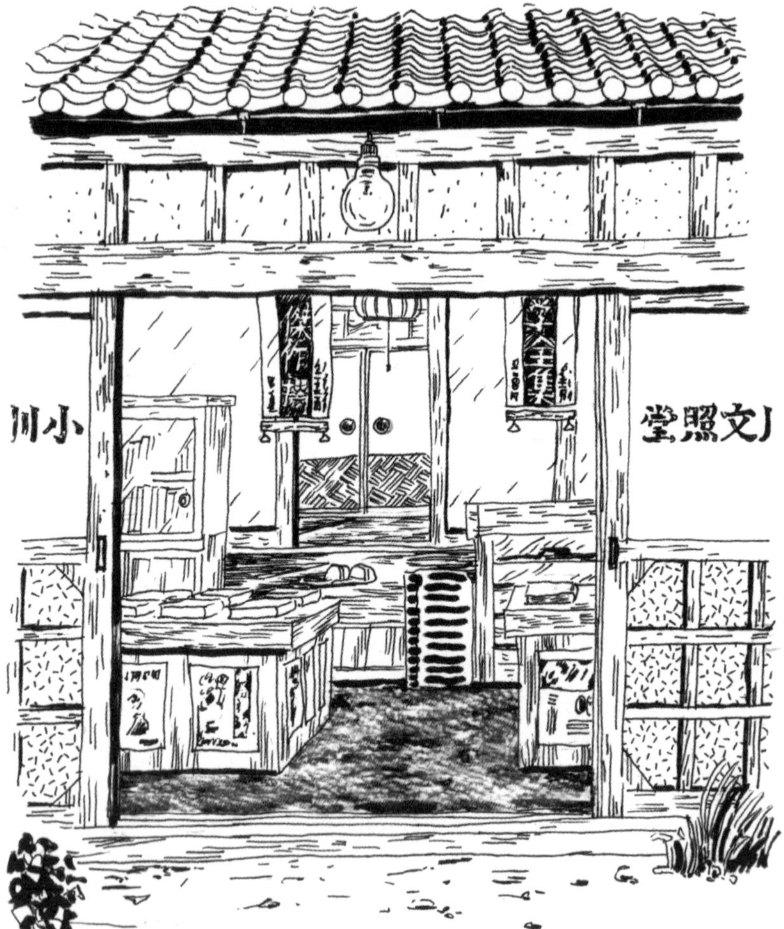

川小
堂照文

다이쇼 10년 (1921년)
마타고로, 고서 취급은 단념하고 신간 서점 오가와분쇼도 개점. 유행 작가, 아쿠타가와 류노스케가 이곳을 들렀다는 이야기가 신문에 게재되어 화제를 낳음.

다이쇼 15년 (1926년)
지진 재해로 부모를 잃은 다케오(2세)를 양자로 맞는다.

쇼와 17년 (1942년)
마타고로, 수마트라섬에서 전사. 열여덟 살이 된 다케오, 조모 미치코와 함께 서점을 꾸려가기 시작하나, 전시 중인 환경 탓에 가게는 반 휴업 상태에 들어간다.

쇼와 20년 (1945년)
종전. 미치코 사망.

쇼와 21년 (1946년)
많은 사람들의 응원에 힘입어, 같은 구 내에서 가게를 이전, 약 30평 규모로 재단장한 오가와분쇼도의 영업을 재개. 미키 기요시의 『철학 노트』(가와데쇼보)를 6개월 만에 1,000권 판매, 이 책이 전국적 베스트셀러가 되는 데 다리 역할을 하는 서점이 된다.

쇼와 32년 (1957년)	다케오, 중매 끝에 야마노베 료코와 결혼. 그즈음부터 배달을 본격적으로 개시.
쇼와 35년 (1960년)	장남, 고헤이 출생. 그해 8월, 니시오기쿠보에 2호점 개점. 약 60평으로 여름철에는 점포 앞에서 장수풍뎅이를 판매해 여름방학 중인 아이들의 배움터가 된다.
쇼와 45년 (1970년)	폐업한 이웃 동네서점에서 교과서 판매 접수를 양도받음.
쇼와 53년 (1978년)	「스타워즈」 붐을 타고 건너편에 자리한 모리야 완구점과 협력해 각 점포에서 「스타워즈」와 관련된 상품을 구입하면 상점가 할인권을 나눠줌.
쇼와 60년 (1985년)	사토 야스시 사인회 개최. 같은 해 5월, 야마다 에이미 사인회 개최. 6월에는 고헤이의 친구, 치쿠 도시아키•(20세)가 서점에서

• 知久寿焼. 뮤지션. 1980~2000년까지 그룹 '다마'의 멤버로 활동.

	미니 라이브 감행.
헤이세이 2년 (1990년)	고헤이, 2호점 점장으로 취임. 그곳에서는 CD 취급도 개시.
헤이세이 8년 (1996년)	고헤이, 하세가와 유키와 결혼. 임신 3개월.
헤이세이 15년 (2003년)	2호점 폐점. 본점과 통합. 영업 마지막 날 도모베 마사토•가 시 낭송.
헤이세이 20년 (2008년)	옆 동네에 경쟁 대상인 대형서점이 들어섬. 노포만의 독자적인 페어를 2개월에 한 번씩 개최. '그 사람 시대의 페어' '노래가 들리는 책 페어' '다시 한 번, 책방에서 만나요 페어' 등.
헤이세이 25년 (2013년)	4월 30일. 오가와분쇼도 폐점. 교과서 판매는 대형 경쟁 서점으로 넘어가다. 치쿠 도시아키가 오가와분쇼 132년을 계산대에서

• 友部正人, 포크 뮤지션 겸 시인.

노래하다.

자료 제공—호호호자 야마시타 겐지

'오가와분쇼도' 인기 도서 베스트 3

❶ 『일본백과대사전』(제1권), 산세이도편집부 편, 산세이도(1907년)

❷ 나쓰메 소세키, 『마음』, 이와나미서점(1914년)

❸ 미키 기요시, 『철학 노트』, 가와데쇼보(1946년)

고바야시 서점

小林書店

도쿄도 도시마구

아쿠쓰 다카시(fuzkue)

나는 음식점 같은 가게를 운영하면서 한 귀퉁이에 얼마 안 되는 책을 진열해놓고 판매하고 있다. 대부분은 내가 너무나 좋아하는 책으로, 한 권이라도 더 팔리는 데 작게나마 기여하고 싶은 마음에 출판사에서 직접 책을 매입해 독서감상문 같은 글을 첨부해 파는, 그런 일을 하고 있다. 다만 잘 팔리지도 않고, '이건 명문이야'라고 할 만한 감상문을 척척 써내는 것도 아니다보니 상당히 정체되어 있는 게 사실이다. 그런 때, 지인으로부터 "비슷하다면 비슷한 것을 이상한 텐션으로 하고 있는 책방이 있으니까 한 번 다녀와봐"라는 말을 듣고, 어느 쉬는 날 저녁 8시, 오쓰카역에 내렸다.

북쪽 출구로 나와 북쪽으로 좀더 가면 노면전차 아라카와선 선로가 나온다. 그것을 넘어 소규모 상점이 양쪽으로 즐비한 거리를 좀더 가면 도립분쿄 고등학교가 나온다. 학교 부지를 따라 나 있는 작은 길로 들어서 반짝반짝 빛날 만큼 밝게 부활동을 하는 학생들의 목소리가 활기차게 들리는 체육관과 운동장을 곁눈질하며 곧장 앞으로 나아가면 흰 유리를 끼운 네모난 각등이 빛나는 것이 보인다. 그 옆에는 검은색 글씨로 세로쓰기 한 '고바야시 서점'이라는 간판이 걸려 있다. 총 4층짜리 건물로 위층은 아파트 혹은 맨션이고, 1층에 자리한 서점은 전면이 유리로 되어 있어 밖에서 안이 훤히 들여다보인다. 전체적으로 새하얗고 밝은 갤러리처럼 세련된 분위기를 풍긴다. 그 분위기에 약간 주눅이 든 채로 문을 밀고 들어서자 안쪽 구석에 앉아서 책을 보고 있던 남성이 웃는 얼굴로 이쪽을 바라보며 쾌활하게 "안녕하세요" 하고 인사를 건넨다. 나도 덩달아 똑같이 대답했다. 가게 안에는 음료를 손에 들고 '전시'되어 있는 책을 바라보는 한 여성이 있다.

전시, 라고 쓰긴 했는데, 그것은 분명 전시 같은 의도가 들어 있다고 생각한다. 그도 그럴 것이 책은 모두 표지 정면이 보이도록 진열되어 있었다. 좌우 두 면의 벽에 흰 나무판 한 단이 일자로 길게 걸려 있고, 그 한쪽 면에 열다섯 권 정도의 책이 충분한 간격을 두고 늘어서 있다. 그리고 정면에 보이는 주인장 자리에서 이어진 다소 높은 테이블 중간쯤에는 열 권 정도 쌓은 책 덩어리가 놓여 있다(이때는 국서간행회에서 발행하는 『허구의 남자』였다). 그것이 이 서점에서 팔고 있는 책의 전부였다. 50권도 안되지 않을까.

『허구의 남자』에서 조금 떨어진 곳에 키 높은 스툴이 2개 있고, 그 앞에 태블릿이 설치되어 있다. 화면에는 '드링크 메뉴'와 '장서 목록' 두 항목이 표시되어 있다. 목록에 관심이 가면서도 일단 음료를 주문하고자 드링크 메뉴를 먼저 살폈다. 종류가 많았지만 금방 나올 만한 음료 중에서 시가고켄 맥주의 페일에일을 주문하고 홀짝홀짝 마시면서 서점 안을 돌아다니기로 했다.

읽어본 책, 알고 있지만 아직 읽지 못한 책, 전혀 모르는 책이 한 권씩 가지런하게 진열되어 있다. 가와카미 미에코나 아오키 준고 등 일본 현대문학부터 블라디미르 소로킨이나 울프(버지니아도 진도 있었다) 같은 해외문학도 있는가 하면, 현대사상이나 영화비평, 사진집, 아트북, 거기에 『듣기의 기술』이라든지 『마케팅 리서치 논리와 기법』 같은 책도 있었다. 나중에 읽은 인터뷰 기사에서 "책 선반을 구성할 때 앞뒤 맥락을 고려한, 이른바 문맥선반으로 꾸미겠다는 생각은 전혀 없었습니다. 오히려 멀어지고 싶지요. 읽고 쓴 책. 오직 그것을 진열할 뿐입니다"라고 서점 주인 고바야시 씨가 말한 것처럼 이곳에 진열되어 있는 책을 하나의 카테고리로 묶는다면 그것은 '고바야시 씨의 인생을 지나

간 책'이라는 것 말고는 없지 않을까. 철저하게 사적인 매장으로 이루어져 있다. 그것은 타인인 나로서는 지금까지 본 적 없는 신선한 진열 방식으로 푸코 옆에 『인재 파견에 대해서라면 이 한 권』이 놓여 있는 식으로 어딘가 좀 이상한 풍경이기는 해도 그조차 묘하게 기분 좋은 놀라움을 자아낸다. 자칫 자기 자랑하는 것처럼 보일 수도 있는 자신감이다. 하지만 고바야시 씨가 '읽고 쓴' 책들이라는 사실이 그렇게 만드는 것인지는 모르겠지만, 신기할 정도로 납득이 간다는 분위기가 서점 내에 골고루 퍼져 있다. 책은 기본적으로 한 권씩 아마존이나 근처에 있는 다른 서점에서 구입하는 듯하다. 책의 입고는 "그때그때의 기분으로 적당히" 하고 있다고. 하지만 "예를 들어 소설에 치우쳐버리면 이곳의 자기소개로는 불충분합니다. 그래서 그럴 때는 경제학 책을 입고한다든지" 하면서 밸런스를 맞추기 위해 신경을 쓰고 있다고 한다. "이미 알고 있는 책은 다들 사지 않지요. 하지만 알고 있는 책이 놓인 것을 보는 것만으로도 하나의 발판, 신용의 근거로 삼을 수 있어요. 그것을 계기로 평소에는 거들떠보지도 않던 장르나 작가 들에 손을 뻗는 분들을 많이 봅니다."

그런데 방금 '쓴 책'이라는 발언이 눈길을 끈 것처럼, 고바야시 서점의 가장 큰 특징은 서평이 상품으로 자리를 잡았다는 점일 것이다. 책을 사면 고바야시 씨가 쓴 서평이 딸려온다. 물론 서평만 따로 구입할 수도 있다. 책의 가격은 정가 플러스 300엔으로 서평을 단품으로 구매할 때 가격도 300엔이다. 이윤은 완전히 서평으로만 내는 듯하다. 내가 갔을 때 태블릿 장서 목록에는 1,192권이 있었는데, 그 책의 서평을 모두 썼다는 얘기가 된다. 게다가 짧은 축에 속하는 것이 5,000자 내외로 쓴 것이라니 내가 쓰는 책 소개 글과는 차원이 다르다. 순간적으로 '마쓰오카 세이고•를 혼자 하고 있는 것 같잖아!'라고 생각했는데, 마쓰오카 세이고도 원래 혼자지……. 어쨌든 고바야시 씨의 서평은 한 사람의 인간이 썼다고는 생각하기 어려울 만큼 대단한 양이다.

문체의 변주만 놓고 봐도 하나의 예술을 보는 것 같은 느낌이 든다. 고바야시 씨의 서평 하나하나마다 전달자가 제각각 다른 사람 같다. 속성이 구체적으로 설명되어 있는 것은 아닌데, 그날 내가 산 6개의 서평만 봐도 고바야시 씨 본인이라고 생각되는 30대 남성, 고교입시를 앞둔 남동생을 둔 여자, 밴드 활동을 하면서 무인양품 정규직을 목표

• 松岡正剛, '희대의 독서가'로 불리는 일본 최고의 독서 고수이자 편집기획자.

로 일하고 있는 청년, 마드리드의 일본어학교에서 강사로 일하는 일본계 페루인, 일찍이 부인과 사별하고 지금은 스물네 살 연상의 여성에게 마음을 빼앗긴 초로의 남성, 인재파견회사에서 파견사원으로 일하는 중년 여성이 화자로 등장한다. 읽어보면 그것을 단순히 서평이라고 부르기는 어려울 듯하다. 마치 화자의 인생이 드러나는, 책을 둘러싼 단편소설 같은 것이라고 해야 할 듯하다. 실로 엄청나다.

고바야시 씨는 그것에 대해 "그동안 책을 통해서 다양한 인생, 여러 사고방식, 많은 식견을 접했기 때문입니다. 서평이라는 수단을 이용해 그것을 저도 표현할 수 있지 않을까 생각한 거죠"라고 말한다. "뭐, 제 나름의 놀이이기는 하지만요(웃음)"라는 말을 덧붙였지만. 서점에 가기 전에 인터뷰를 읽어둘걸 하고 후회한 이유는 윌리엄 포크너의 『내가 죽어 누워 있을 때』의 서평을 사지 않은 것으로, 이것은 도저히 놀이의 범주에 속한다고 볼 수 없다. 하나의 죽음을 둘러싼 15명의 이야기로 구성된 소설에 호응하는 형태로 세미나 과제도서로 이 소설을 읽은 대학생 15명이 여름방학에 자살한 어느 세미나생에 대해 이야기하는 방식을 취하고 있다. "문고본으로 하면 200페이지 정도네요"라고 하니 분량 면에서도 압권이랄까…… 대체 어떻게 되어 있는지 너무나 읽어보고 싶다.

그런 방식이 매력적이라고 할까 형식에서 벗어난 듯한 서평을 10년 이상 써오고 있는 고바야시 씨는 지금도 월 평균 열 권씩 서평을 써 나가고 있는 모양이다. 원래 고바야시 씨는 무료 블로그 사이트에서 서평 블로그를 쭉 운영해왔다. 그것이 입소문을 타고 화제가 되어 HONZ•의 리뷰어를 맡았고, 그 후 지금으로부터 2년 전에 "현실에 좀더 충실하고 싶어져서(웃음)" 서점을 열었다고 한다. 영업일은 수목금 저녁 7시부터 10시로 제한하고 있다. 그것만 놓고 보면 마치 취미로 하는 서점처럼 보이지만, 서평 및 음료에서 나오는 이익과 매달 1,500엔이라는 적지 않은 금액에 서평 메일 매거진을 정기구독하는 독자가 80명에 달한다고 하니 그것으로 월세 외에 가게에 필요한 경비와 개인적으로 쓰는 책값까지 커버하고도 남는다고. 부업 그 이상이라고 할 만하다.

결국 맥주를 총 석 잔 마시면서 진열되어 있는 책을 살펴보거나 장서 목록에서 궁금해진 책의 서평(최초 2,000자는 그 자리에서 읽을 수 있다)을 읽어보는 사이 두 시간이 훌쩍 지나가버렸다. 그 사이 '이 사람이 재미있다고 한다면 분명

• 엄선한 한 권의 책을 추천한다는 취지로 개설된 일본의 유명 서평 사이트. http://honz.jp

재미있을 거야'라는 신뢰감이 생겨서 결국 마쓰다 아오코의 소설과 『문체의 과학』 두 권, 그리고 읽어본 소설의 서평을 4개나 사서 돌아왔다.

돌아오는 전차 안에서 "도대체 이 책에 관해서는 어떤 글을 썼을까" 하는 흥미만으로 사본 『인재 비즈니스의 동향과 조작이 한눈에 파악되는 책』의 서평을 읽어보았다. 파견사원이 맛보는 괴로움과 일에 대한 긍지를 그려낸 감정적인 필치, 그리고 기르는 노견에 얽힌 예상 밖의 드라마틱한 전개에 허를 찔려 그만 눈물을 주르륵 흘리고 말았다.

고바야시 씨가 쓰는 서평에는 반드시 다른 책도 언급되었는데, 『인재 비즈니스~』에는 모옌의 단편집 『흰 개와 그네』를 다루었다. "서평 자체가 빛나서 끌리기를 바란다"라고 말한 고바야시 씨의 의도대로, '다음에는 반드시 이 책'이라고 생각했다.

'고바야시 서점' 인기 도서 베스트 3

❶ 야마오 유코, 『개정증보, 꿈의 원근법 초기 작품선増補 夢の遠近法: 初期作品選**』, 치쿠마문고**

❷ 존 바스, 『행로의 끝 The End of the Road**』, 하쿠스이유북스**

❸ 스테판 말라르메, 『말라르메 시집』

요메이쇼보

陽明書房

도쿄도 신주쿠구

스즈키 다케시(신신도 나카쿠키 본점)

무서운 서점이 있다.

비유나 칭찬이 아니라 말 그대로 '무서운' 서점이다. '요메이쇼보'는 심령 전문 서점이다.

이 책에 소개하고 싶다고 전화를 걸자 "꿈의 서점……이요? 저희는 어느 쪽인가 하면 꿈에 나올 법한 서점인데, 그런 저희도 괜찮으신지요?" 하고 서점 주인 아키모토 씨가 농담인지 진담인지 판단하기 어려운 답을 해왔다. 이에 나는 웃지도 못하고 왠지 목소리를 죽이며 취재를 요청했다.

계절은 여름. 게다가 요메이쇼보는 밤 8시부터 심야 3시까지 한밤중에도 착실하게 영업을 하고 있다. 모처럼이기도 해서 차분히 이야기를 들어보고 싶었던지라 자정을 넘긴 늦은 밤에 요쓰야로 향했다.

몸을 휘감는 무더위 속 야심한 시각에도 아랑곳없이 내달리는 자동차로 어수선한 신주쿠 거리에서 서점이 있는 골목으로 접어들었다. 순간, 주위가 놀랄 만큼 정적에 휩싸였다. 마치 등 뒤에서 누군가 문을 닫은 것처럼 주변의 소음이 전부 사라져버렸다.

적막하고 좁은 골목길을 걸어가자 점차 주위가 어두워졌다. 내 발소리와 명멸하는 가로등이 내는 가느다란 신음소리, 그리고 불빛에 이끌려 모여든 벌레들의 날갯짓소리까지 주변의 사소한 소리가 놀랄 만큼 귓가에 크게 들려왔다. 그리고 특수한 그 서점에 대해 생각하자 주변 공기마저 바짝 긴장하는 것처럼 느껴졌다.

이곳은 요쓰야 거리에 있다. 가로등도 많아 심야에도 거리는 환하다. 아니, 환해야 맞는데, 이상할 정도로 이 골목만은 어두컴컴하다. 어둠이 짙게 깔려 있다고 해야 좋을지도 모르겠다. 내 눈앞에 나타난 요메이쇼보는 평범한 형광등 불빛으로 푸르스름한 빛을 발하며 희미하게 그 모습을 드러냈다.

서점 입구 앞에 섰다. 자동문이 아니라 낡은 목제 미닫이문이었다. 문의 정중앙에서 조금 위쪽에 붓으로 '요메이쇼보'라고 쓴 종이가 붙어 있다. 그리 잘 쓴 것도 아니고, 그렇다고 못 쓴 것도 아닌, 그 평범한 글씨가 어쩐지 섬뜩함을 자아냈다. 혹시 부적이 붙어 있는 것은 아닐까 생각하며 주변을 둘러볼 요량으로 고개를 오른쪽으로 돌리는 순간, 내

등 뒤에 사람이 서 있는 것을 눈치챘다. 모자부터 상의, 바지까지 온통 흰색으로 차려입은 요리사 남성이었다.

소오오름!

"저…… 들어가고 싶습니다만."

손님이었다.

그래, 나는 심령 명소에 온 게 아냐. 서점에 온 거지. "아, 죄송합니다"라고 남자에게 사과를 건네고 미닫이문을 열고 안으로 들어섰다.

가게 안은 평범했다. 형광등 조명과 철제 집기. 잡지도 있고, 문고와 일반 서적도 있다. 잔뜩 긴장했던 어깨에 힘이 쭉 빠졌다. 낯익은 서점 풍경에 안도했다. 하지만 여기는 심령 전문 서점이 아니던가. 잘 보면 문고가 놓인 선반에는 실화 괴담이나 공포 소설의 무시무시한 표지가 놓여 있다. '심령계 잡지가 이렇게나 많았단 말야' 하고 놀랄 만큼 쌓여 있다. 『무ム－』•는 물론이고, 괴담 전문지 『유幽』와 『Mei(冥)』 등이 그 인기를 증명이라도 하듯 산처럼 쌓여 있었다. 가게 중앙 매대에는 "추석 도래! 심령사진을 찍자"라는 페어가 열리고 있었다.

가게 안을 살펴보니 규모는 약 20평 정도일까, 이렇게 늦

• 1979년에 창간된 일본의 월간 오컬트 정보지.

은 시각에도 손님이 10명 정도 있고, 저마다 말없이 책을 손에 들고 있다. 가게 안쪽으로 계산대가 보였다. 그곳에 멍한 시선으로 가게 안을 보고 서 있는 검은 앞치마 차림의 남성이 있었다. 그가 바로 이곳의 점장, 아키모토 씨다.

내가 다가가 인사를 하며 자기소개를 하자, "계절도 좋고, 시간도 좋은, 베스트 시즌, 베스트 타임을 선택하셨네요"라고 말하며 미소로 화답했다. 마흔 살이라고 들었는데, 웃는 얼굴은 상당히 동안이다.

들어서는 순간부터 이 가게에 압도되었습니다. 우선 이런 특수한 서점을 시작한 계기를 말씀해주시겠어요?

특별한 이유 같은 건 없습니다만, 저 자신도 어릴 때부터 심령 같은 것에 관심을 갖고 좋아했다는 게 가장 큰 이유일 겁니다. 뭐, 서점에 가서 이런 책을 찾아보면 관련 서적이 거의 없었지요. 그런 점이 분하고 억울했달까요, 게다가 지금은 인터넷으로 그런 책을 구입할 수 있는 판로가 확산된 터라 그렇다면 판매 전망도 나쁘지 않겠다는, 꽤나 가벼운 마음으로 시작했습니다.

서점을 열기 전까지는 어떤 일을 하셨나요?

마케팅회사에서 15년 정도 일했습니다. 그중 소매업 컨설턴트 경험도 있어서 덕분에 가게를 열 자신도 어느 정도 있었네요.

"괜찮으시다면 가게 안을 둘러보면서 얘기하면 어떨까요?" 하고 아키모토 씨가 제안해서 점장과 둘이 손님들 사이를 조심스럽게 걸어 다니며 취재를 계속해나갔다.

계산대를 바라봤을 때 오른쪽이 DVD 코너입니다. 지금은 심령업계도 동영상 시대니까요. 잘 팔립니다.

이 새하얀 패키지는 뭔가요? 유성 매직으로 '신코이와역'이라고만 적혀 있는데…….

이것은 개인이 찍은 심령 동영상을 DVD로 만든 것입니다. 직접 가지고 온 거예요.

파, 팔리나요?

의외로 이런 아마추어 물건이 잘 팔립니다.

어쩐지 AV 같군요.

아, 정확히 짚으셨네요. 실제로 AV 촬영 중에 찍은 것들도 꽤 많이 들고 옵니다. 처분하기 상당히 곤란하겠죠.

영상은 체크 하시나요?

당연합니다. 품질을 일정 수준 유지하지 않으면 가게의 신뢰마저 잃을 테니까요. 들어오면 그때마다 제가 바로 확인합니다.

역시 장사꾼이시네요. 이것은 사진집인가요?

맞아요. 모두 심령사진입니다만.

그렇겠죠. 아, 이 나카오카 도시야• 씨의 심령사진집은 저도 예전에 가지고 있었습니다! 그런데 이 하얀 책은…….

네, 개인이 찍은 심령사진을 한 권에 담은 겁니다. 일종의 PB상품인 셈이지요.

PB?

프라이빗 브랜드입니다. 저희 서점에서만 살 수 있죠. 일종의 차별화 전략입니다.

과, 과연. 가게 자체로도 충분히 차별화가 될 거라고 생각합니다만, 상당히 철저하시군요.

이쪽이 잡지 코너입니다. 『무』 외에 괴담계 잡지 등이 인기입니다. 잡지의 PB는 취급하고 있지 않지만요.

이 영문으로 쓴 『New Dawn』이라는 잡지는 무엇입니까?

영국판 『무』라고 보시면 됩니다. 심령에 국경은 없는 법이지요.

벽면이 만화 코너로, 입구 오른쪽이 아동서. 다른 서점들과 코너 분류는 기본적으로 같네요.

심령은 각종 매체에서 다뤄지다보니 자연히 그렇게 되었

• 中岡俊哉, 다큐멘터리 작가, 초현실 연구가.

습니다. 어린이책에서 입구를 지나 옆으로 이동하면 여행 가이드가 있습니다. 저희 서점 인기 코너입니다.

여행 가이드가 인기인가요? 대충 이해가 갈 듯도 합니다만…… 아아, 역시 심령 스폿 가이드 책이네요.

영혼은 땅에 있어요.

하아.

도도부현•별로 나뉜 것과 지역별로 출판된 심령 지도는 저희 서점의 주요 상품입니다. 그중에는 건물의 상세한 배치도가 실려 있는 것도 있습니다.

지금은 스마트폰이 있으니까 이런 정보를 잘 정리한 사이트로 간단하게 볼 수 있을 텐데, 여전히 종이 지도가 애용되는 모양이네요.

그런 장소에 가면 대체로 전자기기는 미쳐서 쓸모없게 되거든요. 전파가 닿지 않을 때도 있으니 실은 제법 경험치가 쌓인 베테랑일수록 종이 심령 지도를 가지고 다니는 사람이 많습니다.

자세히 보니 꽤 오래된 책들도 보이네요.

옛날에 만들어진 책에 실린 심령 스폿은 현재 허물어졌거나 지명이 바뀌었거나, 흔적 자체를 덮어버린 경우가 더러 있습니다. 오래된 책에서 그런 과거의 정보를 얻는

• 都道府県, 일본의 행정구역.

것은 중요하지요. 영혼에 시간의 경과는 무의미하니까요.

장소에 관해서입니다만, 요메이쇼보는 상당히 번화한 거리 중심부에 위치하고 있는데, 요쓰야라는 장소를 고집하신 이유라도 있으신가요? 역시 요쓰야 괴담이라든가?

그런 말을 종종 듣습니다만, 순전히 우연입니다. 뭣보다 요쓰야 괴담의 무대는 조시가야로, 요쓰야가 아닙니다. 뭐, 단순히 이곳의 월세가 현저히 저렴했다는 것이 이유입니다. 저기 보세요. 붉은 테이프가 늘어져 있지요?

네, 있네요.

(가게 중앙 천장에서 길이 20센티미터 정도의 붉은 테이프가 매달려 있다.)

목을 매 자살한 곳입니다.

네, 네?

여기, 원래는 요릿집이었던 것 같습니다만, 주인장이 거기서……(라고 말하며 점장은 머리 위로 주먹 쥔 손을 올리는 포즈를 취했다). 뭐, 사고 물건 같은 거지요. 그런 곳이면 어디든지 상관없었어요. 싸게 빌릴 수 있고, 가게의 브랜딩으로도 최적이고.

브랜딩……이요? 무슨 일이 일어나거나 하지는 않나요?

아니요, 아무 일도 일어나지 않습니다. 사실 저는 그런 거 한 번도 본 적이 없어요. 이렇게나 좋아하는데.

정신을 차리고 보니 어느덧 새벽 2시를 넘어가고 있었다. 사고 물건에 관한 얘기를 들어서인지 역시나 으스스한 기분이 들어 그쯤에서 취재를 끝내야겠다고 생각했다.

벌써 시간이 이렇게 됐네요. 나중에 오늘 들은 이야기를 원고로 정리해서 보내드리도록 하겠습니다. 오늘은 바쁜 와중에 대단히 감사했습니다.

아닙니다. 오늘 밤은 손님이 없었는데 이야기 상대가 있어서 즐거웠습니다.

나는 아키모토 씨의 말을 듣고 도망치듯 그곳을 빠져나왔다.

그 후 이 원고를 점장에게 보내자, "좋네요. 좋은 홍보가 되겠어요"라는 간단한 답신이 왔다.

지금도 아키모토 점장은 혼자 가게를 누비고 있다.

'요메이쇼보' 인기 도서 베스트 3

❶ 요시다 유키, 『괴담 현장 도쿄 23구怪談現場 東京23区』, 이카로스출판

❷ 가와나 마리코, 『실화 괴담, 출몰 지대実話怪談 出没地帯』, 가와데쇼보신샤

❸ 『심령사진집』, 아키모토 야스노리 편, 요메이쇼보

닌자야시키 카페 이토 서점

忍者屋敷カフェ 伊藤書店

미에현 이가시

하나다 나나코(팡야노혼야)

이가伊賀시는 이가닌자의 발상지라고 불리며, 닌자에 얽힌 관광지가 시내 곳곳에 있다. 가장 규모가 큰 '이가 마을 닌자테마파크'는 닌자 코스튬플레이를 하고 기념 촬영을 하거나 수리검, 바람총 게임, 닌자 저택 체험 등을 즐길 수 있는 곳이다. 주말에는 아이들을 데리고 온 가족과 가까운 온천 여행, 과일 수확을 하러 온 관광객들로 붐빈다고 한다.

'닌자야시키 카페 이토 서점'은 그 닌자테마파크에서 북동쪽으로 1킬로미터 정도 떨어진 주택지 안에 있다. 허리를 굽혀야 들어갈 수 있을 만큼 낮은 문을 지나 저택 안으로 들어가면, 토방 특유의 서늘한 공기가 느껴진다. 서점 안은 지금 유행하는 고민가 카페 같은 운치가 흐른다. 심플한 테이블과 의자가 있고, 작은 유리그릇에 든 식물이 자리마다 놓여 있다. 마침 정오여서 그런지 몇몇 손님들이 식사 중이다. 카페 부분의 앞쪽에 위치한 일본식 방이 서점인 듯했다.

우선 나는 점주인 핫토리 도시유키 씨에게 말을 걸었다. 상냥한 미소가 인상적인 자그마한 체구의 젊은이였다.

"우와~ 처음이네요. 도쿄에서 취재를 나오시다니.(웃음) 숨은 책방에 관한 얘기를 듣고 오신 거죠? 자, 들어오세요. 안내해드릴게요."

안쪽으로 들어가 다다미가 깔린 바닥 위에 책장을 설치한 15평 정도의 방에 발을 디뎠다. 잡지, 영화, 실용서…… 극히 보통 서점과 다를 바 없는 구성이다. 벽면은 모두 서가로 둘러싸여 있지만, 딱 한 군데, 도코노마•의 앞은 비어 있고, 기품 있게 장식된 항아리와 족자가 자못 부자연스러움을 자아낸다. 손을 뻗어 족자를 조심조심 떼어내자, 기대한 대로 비밀 통로로 들어가는 문이 나타났다. 무심코 핫토리 씨를 돌아보자, "가보세요" 하는 제스처를 취한다. 허리를 숙여 족자가 걸려 있던 벽에 난 문으로 들어서 천장이 낮은 통로를 엉거주춤하게 걸었다. 약 5미터 정도의 통로 끝 왼편에 작은 일본식 방이 나타났다. 이쪽도 벽 한 면에는 책장이 있고, 나머지 세 면은 문고본들이 가득 차 있다.

• 床の間. 일본식 방의 상좌(上座)에 바닥을 한층 높게 만든 곳으로 벽에는 족자를 걸고 바닥에는 꽃이나 장식물을 꾸며놓는다.

"두번째 매장입니다.(웃음) 이곳은 주로 문고들을 놓고 있어요. 저쪽 선반은 시대소설 중심이고요. 야마다 후타로•와 시바 료타로••가 쓴 닌자 소설은 가급적 갖추려고 하고 있습니다. 해외소설은 두기 시작하면 한이 없어서 밀실 미스터리 등을 중심으로 엄선해서 두고 있고요."

"과연…… 정말 굉장하네요."

"숨겨진 방은 여기뿐만이 아닙니다. 여기 이 안쪽으로……."

그렇게 말하면서 핫토리 씨가 벽장을 열었다. 그 안은 한눈에 봐도 평범하게 방석만 높이 쌓여 있을 뿐이다. 그런데 그것을 꺼내자 안쪽에 숨겨진 계단이 나타났다.

삐걱거리는 소리가 나는 좁고 가파른 계단을 오르니 이번에는 다락방 같은 장소가 나타났다. 게다가 이곳에도 상당한 양의 책이 있다. 방금 전까지 있던 방과는 달리 헌책이 많아 보였다. 화집이나 사진집, 만화책 코너도 있는데, 책등의 색이 변한 것들도 다수 눈에 들어왔다. 방의 한쪽 구석에는 벽장에서 본 듯한 방석이 차곡차곡 쌓여 있다.

"여기는 일종의 성인들의 은신처 같은 곳이라고 하겠습

• 山田風太郎, 1922~2001. 무협소설의 대가.

•• 司馬遼太郎, 1923~96. 역사소설로 저명한 작가.

니다. 이곳에서 책을 읽으면서 느긋하게 쉬다 가도 좋고, 마음에 든 책이 있으면 전부 구매도 가능합니다. 오랜 시간 이곳에서 책을 읽다 가는 분들도 꽤 있습니다. 그리고 여기와는 별도로 아이들을 위한 비밀기지 같은 곳도 있지요. 괜찮다면 그쪽도 보시겠어요?"

조금 전 올라왔던 계단을 내려가 숨겨진 방을 지나 카페까지 되돌아왔다. 그 우측 안쪽, 소파 자리 가까운 벽에 '어린이책은 이쪽, 스태프에게 물어보세요'라고 적힌 작은 팻말이 눈에 띄었다. 그 벽의 오른쪽 단을 누르면 벽 전체가 180도 회전해서 안으로 들어갈 수 있게끔 하는 구조다. 방의 천장은 내 키보다 조금 낮은 정도일까. 조금 불편하지만 폭이 넓은 공간은 어린이들에게 딱 좋을지도 모르겠다. 명작 그림책부터 인기 캐릭터 책, 『NARUTO』와 『닌자 핫토리 군』 같은 만화, 놀이기구 도감까지 폭넓은 라인업을 갖추고 있다. 이 방은 다다미가 아니라 부드러운 소재의 매트가 깔려 있어서 어른들도 편하게 앉아 책을 즐길 수 있다.

카페로 돌아와 다시금 핫토리 씨의 이야기를 들었다. 핫토리 씨가 내준 아이스커피 잔 아래에는 수리검 형태의 코스터가 놓여 있다.

"원래는 '이토 서점'이라는 이름으로 삼촌이 이곳에서 3킬로미터 정도 떨어진 곳에서 극히 평범한 서점을 운영하고 있었습니다. 하지만 경영 상태가 나빠져서 폐업을 고민하고 있었죠. 한편, 이 저택은 아버지 친구분이 소유하고 있던 것인데, 관리할 사람이 없었어요. 그렇지만 매각을 하자니 집 곳곳에 있는 귀중한 장치들이 아까워서 팔지도 못하고…… 절세나 보조금 같은 게 있으니 그 사용처를 찾고 있던 참이었습니다."

"그렇군요. 그런데 왜 핫토리 씨가 그 두 가지 일의 형편을 봐주고 처리하게 된 건가요?"

"제 고향이 이곳인데요, 대학에 입학하면서 나고야로 거처를 옮겼습니다. 학생 때는 카페에서 아르바이트를 했고, 졸업 후에도 그대로 나고야에 남아 잡화점과 책방을 접목한 젊은 층 상대의 가게에서 일했지요. 그대로 점장까지 승진을 했는데, 건강이 나빠져서 일을 그만두고 고향으로 돌아오게 되었습니다. 가게를 시작한 것은 여러 가지 타이밍이 맞았다고 밖에는 설명할 수 없겠네요. 이토 서점의 상호를 넘겨받아 이 요상한 주택에서 서점을 열 수 있을지도 모르겠다고 생각했을 때, 은신처가 있는 서점을 연다면 얼마나 재미있을까 하고 생각해서…… 아니, 아마도 그 두근대는 설렘이 있었기 때문에 서점을 할 결심이 섰다고 하는 편이 맞을 것 같아요."

나는 어렸을 때 본 애니메이션에서 물속에 잠입한 닌자

가 대나무 대롱으로 숨을 쉬는 기술을 떠올리며, 아이스커피 빨대로 장난을 치다 핫토리 씨와 눈이 마주쳐 황급히 자세를 고쳐 앉았다.

"아, 아니, 그래도 닌자 저택을 서점으로 만들어서 힘들었던 점이나 애로사항 같은 건 없으셨나요?"

"가장 조심하려고 하는 부분은 손님들이 어딘가에 갇혀 있지는 않은지, 모르고 돌아가는 일이 없도록 하는 것이죠. 좀 전에 갔던 다락방 같은 경우에는, 사실 그 벽장이 일단 닫히고나면 방 안쪽에서는 열리지 않는 구조거든요. 혹시라도 설령 갇히는 일이 발생할까봐 방 한가운데에 생수라든지 칼로리바를 비축한 바구니를 준비해두고, 간이 화장실도 따로 마련해두었습니다. '폐점 시간에는 모시러 올 테니 느긋한 시간 보내시기 바랍니다'라고 적은 안내문과 함께. 그렇더라도 간이 화장실까지 사용하는 분들은 아직까지 안 계시네요.(웃음) 그래서 폐점 시간에는 곳곳에 있는 비밀의 장소 전부를 점검하고 돌아갑니다. 매일 해야 하는 일이다보니 상당히 번거롭기는 한데, 만일에 있을지도 모를 일은 미연에 방지하는 편이 좋으니까요."

얼추 이야기를 다 들은 듯해 감사인사를 전하며 자리에서 일어나려고 하자, 핫토리 씨는 내 얼굴을 가만히 바라보며 조금 망설이는 듯한 표정을 짓다 다시금 입을 열었다.

"이건 비공개로…… 믿을 만한 손님에게만 안내하는 서비스입니다만……" 하며 핫토리 씨가 일어나더니 다시 서점 쪽으로 나를 이끌었다. 카페의 봉당封堂 부분과 서점으로 쓰고 있는 일본식 방 사이에 복도 같은 공간이 있는데, 핫토리 씨가 마룻바닥 한 부분을 들어올렸다. 그 아래에는 지하로 내려가는 계단이 숨겨져 있었다.

지하로 내려와 알전구 불빛에 비친 핫토리 씨의 등에 의지한 채 구불구불하고 으스스한 복도를 걸어나갔다. 복도 끝에 있는 미닫이문을 열고 핫토리 씨가 방의 스위치를 켜자 거기에는 책도 없고, 창도 없는 흙벽의 3평 남짓한 방이 있었다. 그곳은 안쪽에서 방문을 잠글 수 있도록 되어 있었다.

"외부로부터 완전히 차단된 조용한 장소에서 집중해서 책을 읽고 싶다는 손님들을 위해 이 공간을 빌려드립니다. 집에서 읽으면 되지 않느냐고 생각하실지도 모르지만, 가족들이 있어서 집중할 수가 없는 경우라거나, 텔레비전을 본다든지 스마트폰을 손에서 놓지 못하는 등 여러 가지 사정들이 있지요. 이곳 지하에는 전파도 들어오지 않아서 책과 마주하는 것 외에는 할 일이 없습니다. 이런 방이 여기 말고 두 곳 더 있어서 최대 3명까지 동시에 이용할 수 있지요. 일단 우리 서점에서 산 책을 읽는 경우에 한해서만 이용할 수 있도록 하고 있습니다만."

핫토리 씨의 작은 목소리가 좁은 지하에서는 묘하게 울린다.

"실제로 이곳을 이용한 손님들의 평은 아주 좋습니다. 다만 예상치 못한 수요도 있지요. 학교가 싫어서 땡땡이 치고 싶은 남자 고등학생이나, 부모와 사이가 안 좋은 아이 등이 오는 일도 있거든요. 여기는 지방 소도시니까 역 앞에 있는 패스트푸드점 같은 곳에서는 아는 사람을 만날 가능성이 있어서 조용히 숨을 만한 장소가 없거든요. 그런 그들이 또 다른 '동료'들에게 이곳을 소개한다든지 해서……."

"음…… 은둔자들의 장소, 같은 건가요."

"확실히 그런 면이 있네요.(웃음) 그들과 이야기해보고 '아, 이 책 좋아하겠는걸' 하고 떠오르는 책을 추천할 때도 있습니다. 전혀 관심을 가져주지 않을 때도 있지만요. 백발 중 한 권이라도 맞으면 기쁘기 그지없습니다만, 서점으로서는."

방의 불을 끄고 우리들은 왔던 길을 되돌아갔다. 핫토리 씨의 등에서 중얼중얼 혼잣말 같은 소리가 들린다.

"『정인기正忍記』라는 에도 시대 유명한 둔갑술 전서가 있어요. 그 안에 '동료의 증거를 횃불로 사용한다면 첫 대면에서도 그 닌자를 의심해서는 안 된다'는 기술이 있습니다. 실제 닌자는 만화에서처럼 필살기를 선보이는 슈퍼히어로

가 아니었습니다. 일종의 하수인이기도 했고, 입지가 약했지요. 생활도 수수하고 기본적으로 독립적으로 개별 활동을 해서 닌자 동료를 소중히 여겼습니다. 뭐, 저도 현대를 살아가는 변변치 못한 한 인간으로서 무의식중에 눈에 띄지 않고 뒤쳐지는 중고생들에게 동정심을 느끼고 마는 거죠. 딱히 함께 돕거나 헤쳐나가거나 하는 일은 없지만, 책 정보 정도는 알려줄 수도 있고, 서로 차분하고 조용하게 '싸우지 않고 이긴다!' 같은 느낌으로 살아남으면 좋겠어요. 닌자처럼. 아니, 그렇게 멋있을 것도 아닌가. 하하"

어둠을 빠져나와 카페 밖으로 나오자 벌써 해가 기울고 있었다. 문 앞에서 다시 인사를 나누고 손을 흔들며 작별했다. 북녘 하늘에 닌자들이 무기로 사용하던 마키비시 같은 별이 반짝였다.

'닌자야시키 카페 이토 서점' 인기 도서 베스트 3

❶ 야마다 후타로, 『이가닌포초 야마다 후타로 베스트 컬렉션伊賀忍法帖 山田風太郎ベストコレクション**』, 가도카와문고**

❷ 후루타 다루히·다바타 세이이치, 『벽장 모험おしいれのぼうけん**』, 도신샤**

❸ 요시다케 신스케, 『좁아, 두근두근せまいぞドキドキ**』, 고단샤**

꿈의 중개

변화하는 책

아리치 도모키(일본 출판판매)

"책의 새로운 형태를 개발함으로써 유통 개혁을 촉진한다"라는 구상 아래 두 대형 중개업체가 같이 결성한 '형태 개발팀'. 이번에는 팀장 아이다 도모 씨(36세)에게 지금까지의 활동과 출판유통에 커다란 변화를 불러올 새로운 프로젝트에 대해 물었다.

'ABC'를 아십니까? 이제는 거의 볼 수 없게 되었습니다만, 육각형 형태의 잡지·서적이 한때 교외의 편의점을 중심으로 판매되었지요. 그것이 팀의 첫번째 프로젝트였습니다. 편의점의 물류비용은 골칫거리였거든요. ABC는 육각형의 책을 깔아놓은 벌집 모양의 컨테이너를 지하 튜브로 고속 수송하는, 거대한 기송관입니다.

'Air Beez Container'의 앞 글자를 따서 ABC라고 불렀지요. 현장에서는 '공기 벌'이라고 불렀습니다. 처음 선보일 때는 기대가 대단했어요. 쇼핑몰 같은 곳에 육각형 팝업숍을 만들어서 육각형 부스를 진열하기도 했고요. 벌집 구조로 된 바벨의 도서관 같은 것이었죠. 유통을 바꾸면 책의 형태도 서점의 형태도 달라진다고 하는 사소한 발견이었습니다.

독자들의 반응은 어땠나요?

읽어주었습니다. 모양새가 모양새다보니 반향은 있었습니다만, 읽어보면 그냥 책이니까요. 반대로 일반적인 책에서 벗어난 프로젝트도 있었습니다. 책을 다양한 장소에서 판매하기 위해서 책의 형태를 바꾸자는 의도였죠. 조금 도착倒錯되어 있었어요. 책을 다른 형태로 바꾸려 한다니. 예를 들어 당신이 옷집에서 무심코 손에 쥔 티셔츠가 알고 보니 책이더라, 뭐, 그런 거죠. 실은 서점의 요청도 있었습니다. 서점 대부분이 재고를 줄이고 싶어 했기 때문에 대형서점에서도 표지가 보이도록 쌓아두었거든요. 가게의 틈새 공간을 메우기 위해서는 책이 보다 입체적일 필요가 있었습니다. 그것이 커다란 분기점이었지요. 책을 보다 입체화 할 것인가, 아니면 보다 평면화

할 것인가. 플랫 디자인의 책 형태는 디스플레이상 전자서적과의 친화성이 높고, 추천하는 사람들도 많았습니다. 하지만 우리가 선택한 것은 입체였지요.

왜 입체였나요?

책을 희석하다보면 전자책에 가까워집니다. 그건 이미 있는 것이죠. 한편 운동화나 백팩, 햄버거나 콜라 같은 두께를 가진 책은 아직까지 없었습니다. 그것이 '책의 입체화' 프로젝트를 시작한 이유입니다. '의태화'는 책이 다른 제품으로 가장하는 것입니다. '입체화'는 책이 책으로서 입체적인 형태를 띠는 것이고요.

거기서 어떤 형태의 책이 탄생했습니까?

먼저 3D프린트로 장정을 시험했습니다. 기하학적, 추상적인 형태가 많았네요. 커버를 격자꼴 패턴으로 두껍게 만든 것부터 피라미드, 구체, 뿔매미의 돌기 같은 형태까지. 베리 하드 커버. 표지가 더욱 단단해져서 외골격화해간다는 이미지입니다. 책의 사이보그라고 생각하면 될 것 같네요.

'책의 입체화'가 도달한 것은 '책의 의체화義体化'였습니다. "읽기 어렵지는 않은지?" 책을 읽는 사람은 그렇게 말하곤 하지요. 그런데 한번 생각해보세요. 책을 읽는 사람을 위한 책은 변하지 않아도 괜찮습니다. 그렇지 않나요? 양피지를 엮어 최초로 책이 만들어졌을 무렵부터 책의 형태는 크게 달라지지 않았어요. 하지만 책을 읽지 않는 사람을 위해서는 책이 달라질 필요가 있습니다. 책을 읽지 않는 사람은 책을 사지도 않으니까요.

마지막으로 앞으로의 활동에 대해서 알려주세요.

새로운 프로젝트는 팀이 지금까지 해온 것을 집대성하는 것입니다. '의태화'와 '의체화', 그리고 '책을 움직이다'라고 하는 중개 기능의 통합이죠. 저희들은 완전히 자율 운동하는 책을 만들고자 합니다. 유통부터 진열까지, 사람이 책을 접하는 일은 없어지죠. 책이 움직이는 것입니다. 책 자체 아니, 책 자신의 의지에 따라 책이 스스로 유통하고 진열합니다.

그 책은 어떤 형태를 하고 있습니까?

사람이에요. 사람의 형상을 하고 있습니다. 보세요, 흔히 말하잖아요. 서점은 사람이다, 라고. 하지만 만약 책이 진짜 사람이라면? 서점은 사람일 필요가 없어요. 대신 책이 스스로 움직인다면 서점원도 중개도 필요 없게 되지요. 저희는 스스로 좋아하는 장소에 가서 적절한 문맥 속에 자신의 역할을 다합니다. 우리가 있는 장소가 서점이 되고, 그곳에서 우리는 자신의 의지대로 독자에게 다가가는 것이죠.

'우리'요?

그렇습니다. 제가 바로 그 책입니다. 한번 읽어보시겠어요? 분명히 마음에 드실 겁니다. 농담입니다. 거리에서 스쳐지나간 책과 의기투합해서 이야기를 전하는 것입니다. 그런 식으로 책과 만나는 세계가 금세 다가올 겁니다. 그때 '우리'는 이렇게 말하겠죠. 책은 사람이다.

도쿄도 제도

아일랜드 북스토어

アイランドブックストア

다케다 신야(후타고노라이온도)

들어봐. 지금부터 얘기하려는 것은 나에게 일어난 진짜 이야기.

회사에서 돌아와서, 곧바로 차가운 맥주를 한잔하며 일단 텔레비전을 켰어. 하지만 그보다 우선 회의 자료를 읽지 않으면 안 되겠다고 생각해서 가방을 뒤졌지. 언제 읽기 시작했는지 까마득히 잊고 있던 책 한 권이 나왔어. 다시 읽으려고 했는데 또 도중에 손에서 놓을 거라는 게 불 보듯 뻔했지. 책을 책상 위에 두고 회의 자료를 꺼내서 한 손에는 맥주를 들고 소파에 앉았어. 한숨 돌리려는데 휴대전화가 울렸지. 상사가 건 거였어. 심각한 얘기였지. 야마다라는 후배가 있는데, 그 녀석이 맡은 일이 납기에 늦을 모양이라고 하더군. 그것에 대해서 어떻게 된 거냐, 라는 추궁이었어. 자주 있는 일이야. 사실 그런 거 내 알 바 아니야. 야마다도 확실히 일을 잘하는 편은 아니지만, 전화를 건 상사도 일할 때 실수가 잦다고. 여기서 더 말했다가는 푸념일 뿐이니까 그만둘게. 결국 전화 때문에 피곤함도 다 잊고, 역시 책이나 읽자 했지. 하지만 업무에 관한 것도 있고, 야마다가 담당하고 있는 일이 잘 진행되지 않으면 결국 나한테도 좋지 않을 거라고 생각해서 집중할 수가 없었어. 어쩔 수 없이 컴퓨터를 켜고 필요해 보이는 자료 등을 대충 모아두기라도 하자 싶어 여러 가지 데이터를 인터넷에서 찾았지. 어느 새인가, 아마 지쳤다고 생각하고 있었는데, 리조트가 있는 휴양지의 바다 사진이 화면에 떡 하니 떴어. 평소라면 이런 강요하는 듯한 인터넷 광고에는 예민한 편이라 무시하곤 했는데 피곤해서 그랬는지, 좀 전에 마신 맥주 때문에 취기가 올라오는 건지……. 이즈음부터 기억이 좀 가물가물한데, 캠페인 같은 게 있어서 앙케이트에 답하는 것만으로 '당첨'된다고 써 있었던 것 같아. 사기를 당해도 상관없다는 각오로 아무 생각 없이 될 대로 되라 식으로 앙케이트에 응했지. 그중에 분명 있었어. '무인도에 가지고 간다면 어떤 책을 가지고 갈 것인가?'라는 질문이. 어째서 책만 인거야, 라고 지금에야 생각해보지만, 그때는 별 생각 없이 '무인도=고독'이라는 흐름으로 『백 년 동안의 고독』이라고 입력했어. 그 후로는 기억이 없어. 그런데 문제는 그다음날 밤. 회사에서 돌아왔는데, 갑자기 눈앞이 캄캄

해졌어. 진짜로. 등 뒤에서 봉투인지 뭔지로 시야를 가리려고 뒤집어씌운 것 같아. 드라마 같지? 그 후로 정신이 들어 주변을 살펴보니 모래밭 위였어. 그래, 무인도 말이야. 의식 불명이란 게 이런 거겠지.

크기는 초등학교 200미터 트랙 정도로, 그림에서 본 듯한 무인도였어. 섬 중심에는 야자수 같은 식물이 있어서 거기서 섬 전체를 둘러볼 수 있지. 로빈슨 크루소적인 산책은 필요 없어. 일단 걸어는 봤지만. 좌우간 모래가 하얗고, 보들보들했어. 지금까지 가본 모래밭 중에서는 최고였다고 말할 수 있을 듯. 바다에 가는 일은 거의 없지만. 잡지, 텔레비전 같은 데서 '죽기 전에 한 번'이라며 특집으로 다루는 광고 같달까. 하지만 그곳에서 뭘 하면 좋을지 몰라서 일단 섬의 중심인 야자수 아래에 앉아 멍하니 누워 있자니 어김없이 배꼽시계가 울리더라. 야자열매 같은 게 떨어져서 적당한 크기의 돌을 찾아 그것으로 깨서는 그 속에 든 반투명한 액체와 하얀 과육을 먹었지. '소박하다'는 단어가 금세 머릿속에 떠오르더군. 다 먹은 열매를 휙 던졌는데, 그곳에 한 권의 책이 있었어. 맞아, 바로 그 『백 년 동안의 고독』이야. "아, 뭐야, 이거 실화냐?"라고 진짜 큰소리로 혼잣말을 했어. 무인도는 말야, 혼잣말이 늘어. 그건 그렇다 치고, 그곳에서 할 일도 없고 책이라도 읽을까 해서 집어들었지. 실은 몇 번씩이나 책장을 넘기다 단념한 적이 있거든, 이 책. 집중하지 않으면 읽기 어려운 타입의 책 있잖아. 읽는 도중에 자꾸 머릿속에 잡생각이 떠올라서 현실로 돌아오곤 하는 느낌이랄까. 일하지 않으면 안 돼! 하는 생각이 떠오르면 지는 거야. 읽고 싶어! 라고 생각하며 몇 번이나 도전은 해봤지만. 대학 때, 모두 읽고 있었어. 그럭저럭 대화에는 꼈었는데, 결국 나는 읽지 않았지. 이번이 기회다, 라고 생각해서 읽기 시작해봤어. 하지만 역시 이런저런 잡념이 떠오르는 거야. 집중할 수가 없었지.

마콘도? 거기가 어디? 등장인물 이름이 어려운 탓도 있었을지도? 호세 아르카디오 세군도나 레나타 레메디오스. 그리고 서두부터 너무 긴 거야. 평소에는 내용을 쉽게 이해할 수 있는 힌트를 인터넷으로 찾다보면 그 사이 링크를 타고 야구나 연예뉴스 같은…… 그래, 그거야! 시간이 없다는 말은 전부 거짓말인 거지. 하지만 항상 뭔가 고민하는 것도 힘들고. 바보처럼 살고 싶을 때도 있잖아. 작가의 소문이나 찾아보면서……. 정신 차리고 보니 첫 줄조차 완전히 잊고 있더라고. 이런 상태의 반복이었지. 하지만 이곳은 무인도야. 인터넷 따위 없지. 그러니까 책과 마주하는 수밖에 없어. 잡음이 없으니까 머릿속에 자신의 목소리만이 울려. 그만큼 잡념을 몰아내지 않으면 안 되지만. 어느새 등장인물마다 목소리를 달리해서 연기하는 내가 있더라고. 평소 같으면 빨리 읽기 위해서 가급적 감정을 이입해서 읽지 않는데, 시간도 많으니 천천히 읽었지. 그러다가 발견한 게 있어. 폰트 같은 데도 눈이 가. 종이의 질감 같은 데도. 표지도 벗겨보면 사뭇 느낌이 다른 거야. 책을 분석하는 듯해서 재미있었어. 바다가 가까우니까 몸은 젖어들었지. 물을 마셔도 이런 느낌일까. 또 책과 눈의 거리감도 생각하게 해. 몰입도가 바뀌니까. 너무 가까워도 안 되고, 너무 멀어서도 안 돼. 8센티미터 정도가 적당할까, 내 경우에는. 어떻게 된 걸까. 몇 번씩이나 책을 가까이해보기도 하고, 멀리해보기도 했어. 그런 짓을 하면서도 책의 내용도 제대로 읽어 나갔다고. 시간이 넘치게 많았으니까. 그도 그럴게 바닷바람에 기분이 최고로 좋았거든. 파도 소리? 알파(α)파? 페이지가 넘어가는 소리에 눈을 뜬 적이 있어? 문득 기분 좋게 잠이 들면 바람이 페이지를 팔락팔락 넘기는 거야. 진짜 최고야. 그렇게 눈을 뜨면 또 책을 읽어. 밤에는 아무래도 달빛만 가지고는 책을 읽을 수 없더라고. 그러니 잘 수밖에. 하지만 쓸데없는 일이 없기 때문에 눈을 감으면 이야기의 장면들이 눈앞에 펼쳐져. 할 일도 없고, 그 날 한 일이라고는 독서밖에 없으니까. 다음 이야기는 어떻게 될까 하고 생각하는 동안에 잠이 들지.

햇빛이 발끝부터 차례로 머리 쪽을 비추면 점점 따뜻해져서 저절로 눈이 떠져. 대단하다고. 무인도가 완전히 마음에 들었지. 세수를 하려고 바다로 가서 엄청 짜다고 또 혼잣말을 하지. 조금 걷고는 또 독서. 집중력이 다르기 때문일까, 저녁 즈음에는 끝까지 다 읽었어. 완전히 여운에 젖어서는 다시 한 번 처음부터 읽고 싶어졌지. 같은 책을 두 번 읽는 게 몇 년 만인지. 새롭게 발견하는 것들이 얼마나 많은지. 놓치는 부분이라든지, 영화는 그런 일 자주 있잖아. 물리적으로. 배경의 세트라든가. 문장은 일단 전부 눈으로 훑어보니까 놓치지 않았다고 생각할지 모르지만, 못 보고 넘어간 곳이 상당히 많더라고. 기억이 다른 것처럼 이런 문장이 있었나 하고 놀라게 돼. 대충 넘기는 성격 탓인지도 모르지만.

좀 곤란했던 건 궁금한 부분에 밑줄을 그을 수 없다는 거였어. 포스트잇도 없고. 내가 어떻게 했을 거라고 생각해? 피야. 이게 무슨 말도 안 되는 서바이벌이냐고. 그런데 나는 가시로 손가락을 찔러서 피를 냈어. 말도 마, 진짜 아팠다고. 그래도 참고 피를 짜내서 책에 표시했지. 역시 그곳 생활이 질려서 어쩔 줄 몰랐던 거라고 생각해. 식사를 한다고 해도 야자열매밖에 없으니. 그것도 질렸지. 멍하니 해변을 바라보고 있는데 움푹 파인 곳이 있는 거야. 가까이 다가가서 보니 그곳만 모래 색이 달랐어. 발로 만져보니까 조금 딱딱하더라고. 손으로 파보니 상자 같은 것에 닿았어. 책이었어. 『호밀밭의 파수꾼』이 나왔지. 이것도 읽겠다고 몇 번이나 도전했던 책이었어. 세계문학 같은 책들이 의외로 읽히지 않는다니까. 그 책을 손에 들고 대신이라고 하면 이상하지만 『백 년 동안의 고독』을 파낸 구멍에 넣고 메웠어. 그리고는 야자수에 기대 앉아 새로 발견한 책이나 읽자는 생각에 책장을 펼쳤을 때야. 통통통 하는 소리가 들렸어. 눈을 부릅뜨고 주변을 살피는데 멀리서 작은 배가 다가오는 게 보이더라. 갑판에서 손을 흔드는 사람들이 있었어. 가까이 다가가서야 눈치챘지만 쌍둥이처럼 똑같이 생긴 아저씨들이었어. 책이 젖지 않게 입에 물고 평영으로 헤엄쳐 갔지. 옛날부터 특기였어. 배에 올라타서 봉투를 건네받았는데 거기서 또 기억이 끊겼어.

정신을 차렸다고 생각했을 때는 죠난지마• 부두의 벤치였어. 주위는 암흑처럼 깜깜했지. 가로등은 있었지만 섬보다 어두운 듯했어. 꿈이라도 꾼 것 같았지. 거짓말이라고 생각해? 하지만 이 봉투에 청구서와 동의서가 들어 있다고. 동의서의 이 항목을 봐봐. "목적 수행을 위한 모든 수

• 城南島. 도쿄 오타구에 있는 인공섬.

단에 합의한다"라니 심하지 않아? 게다가 『호밀밭의 파수꾼』도 여기 분명히 있어. 이거 봐봐. 물론 증거가 안 된다는 건 알지만. 어쨌든 청구서에 적힌 '아일랜드 북스토어'라는 책방은 인터넷에서 아무리 찾아도 나오지 않더라. 사기일까? 참, 그리고 캠페인은 이 책이 무료라는 거였나봐. 인색하기 짝이 없다니까. 이럴 줄 알았으면 『백 년 동안의 고독』도 가져오면 좋았을 텐데. 그나저나, 이런 금액, 낼 수 없다고.

'아일랜드 북스토어' 인기 도서 베스트 3

❶ 마르셀 프루스트, 『잃어버린 시간을 찾아서』

❷ 찰스 디킨스, 『데이비드 코퍼필드』

❸ 다니자키 준이치로, 『세설』

BUNSHIMURA!

효고현 니시미야시

사카가미 유키(책은 인생의 간식입니다!!)

에도 시대부터 나지오와지•의 산지로 잘 알려진 니시노미야나지오에 서점 'BUNSHIMURA!'(이하 '분시무라')가 생긴다는 이야기를 듣고 궁금해서 찾아보았다. 이곳은 메이지부터 쇼와 시대에 걸친, 이른바 '문사文士'들이 살던 가옥과 호텔을 재현한 형태로 니시노미야나지오역 주변에 만들어지는 모양이었다. '마을'이라는 이름에 걸맞게 광범위하게 조성하기 위해서인지 완성된 것은 아직 일부에 불과하지만 최종적으로는 역 앞부터 '시인 기타하라 하쿠슈 코스(하쿠슈 저택과 무로 사이세이 저택을 둘러보는 코스)'와 '나쓰메 소세키 코스(소세키의 저택과 우치다 핫켄 저택을 돌아보는 코스)'

• 名塩和紙. 진흙과 안피나무를 섞어서 뜬 일본의 종이로, 주로 효고현에서 생산하며 장기 보존이 가능하고 불에 잘 타지 않는다는 특징이 있어 오래전부터 신사, 불각, 성관 등의 맹장지로 사용되어왔다. 현재는 문화재 보존 · 수복과 금박공예에 사용한다.

등의 문사 마을 관광버스도 운영할 예정이라고 한다. 현재 20여 채가 운영 중이며, 그곳에 가려면 버스나 차를 이용하는 편이 편리하다. 나지오에 사는 인구가 해마다 늘면서 부동산 업계와 시의 협력을 바탕으로 화지 생산의 부활도 염두에 둔 마을 만들기 프로젝트라고 한다.

……그건 그렇고! 이미 오픈한 곳들 중에는 점주가 좋아하는 소설가 이부세 마스지 씨의 저택도 있는 게 아닌가! 게다가 오자키 가즈오•의 저택도 곧 오픈한다고 하니, 이렇게 되면 가보지 않고는 배길 수 없는 법!

그래서 9월 모일 분시무라를 찾았다. 오후에 1번 버스를 타고 '분시무라 정류장'에서 내려 마을로 들어서기 전 다시금 팸플릿을 보며 복습했다.

분시무라는 외관도 내부도 문호들이 살던 당시 모습 그대로를 재현한 집들이 여기저기 흩어져 있고, 지역 전체가 책방으로 되어 있다. 현재 완성된 것은 전체의 5분의 1 정도. 사고 싶은 사람은 어떠한 집도 정원을 포함한 토지까지 살 수 있다고 하는데(이축도 가능), 별도 판매도 하고 있다. 예를 들어 집 안에 둔 책은 물론, 책장도 구입할 수 있고, 앉은뱅이책상에 오동나무 옷장 속 기모노라든가, 도코노마

• 尾崎一雄, 1899~1983. 일본의 소설가.

의 족자나 서화 골동품도 살 수 있다. 그밖에 만년필과 특제 원고지, 먹물과 붓……이며 뭐며, 좌우간 집 안에 있는 모든 것, 작가의 애용품 같은 것을 살 수 있는 책방인 것이다! 게다가 거실이나 응접실에서 작가가 좋아한 음식을 재현한 식사나 술도 즐길 수 있다(입장은 어떤 집이든 무료). 그것이 바로 분시무라다. 자, 그럼 같이 가볼까☆

우선은 정거장 근처의 '아쿠타가와 류노스케의 저택(다바타에 있던 집)'으로. 점주는, 아쿠타가와를 좋아한다고! 뭐가 좋으냐면 얼굴~☆ 그리고 유행에 민감한 모습 등이지만, 아쿠타가와라고 하면 바로 이거지! 다독·속독, 일본·중국·서양의 책과 각 언어에 능한 독서가라는 점. 그런 연유로 그의 책장을 보고 싶었다.

그래서 신발을 벗고 2층의 서재로 Let's go! 계단이 삐걱대는 소리도 참을 수 없을 만큼 좋아서 가슴이 두근댄다. 떨리는 마음으로 조심스레 문을 열자 오오, 압권! 책장뿐 아니라 바닥도 서재가 되어 곳곳에 상당한 양의 책이 쌓여 있다. 음, 이거 전부 살 수 있는 거야~ 하고 생각하니 히죽히죽 웃음이 멈추질 않는다.

어쨌든 간에 한 걸음 안으로 들어서자마자 바로 찾아버렸다…… 오란다쇼보에서 출간한 『라쇼몽』! 이곳 분시무라의 판매 전략 중 하나는 유명 작가들의 초판본을 구할 수 있다는 점인데, 정작 실물을 보면 손이 떨린다. 이 『라쇼몽』의 초판본도 갖고 싶은 마음이야 굴뚝같지만 오늘의 쇼핑 예산을 초과하는 가격에 어쩔 수 없이 책장에 고이 돌려뒀다. 돌려놓으면서 곁눈질로 책장에 꽂힌 책들의 책등 표지를 더듬는데, 바로 옆에 「코」가 실린 『신사조新思潮』 창간호가 있는 게 아닌가! 게다가 책 사이에 뭔가 끼워져 있어서 가까이 들여다보니 「코」를 읽고 격려를 보냈다는 나쓰메 소세키의 편지다. 이것도, 이것마저도 살 수 있는 거야! 하고 충격을 받아 멍하니 있는데, 자세히 보니 아, 이 편지는 친필이 아니라 인쇄물이군요. 심지어 200엔이면 살 수 있다고 하니 편지는 빼내고 책을 책장에 다시 꽂은 후 책장을 찬찬히 살폈다. 「코」 「라쇼몽」 「참마 죽」 등의 소재가 되었다는 『곤자쿠모노가타리』•와 『우지슈이모노가타리』••(「지옥변」은 여기서부터)도 나란히 꽂혀 있다. 로버트 브라우닝의 장시 『반지와 책』이 있는가 하면 그 옆에 가이조샤에서 출간한 아쿠타가와 중기 작품집 『사라수의 꽃』도 있다. 『사라수의 꽃』에 수록된 「덤불 속」은 이 시의 영향을 받았다고

• 今昔物語, 헤이안 시대 말기(12세기 초)에 성립된 설화집으로 불교에 기초한다.

•• 宇治拾遺物語, 가마쿠라 시대 무렵(1121년경)에 성립된 설화집.

아쿠타가와가 기무라 기•에게 쓴 편지에 적혀 있다. (그리고 이 편지의 복제본도 역시나 책 사이에 끼워져 있다! 이것 역시 200엔에 Get☆)

……그러고 나서 혹시나 하는 마음에 그 옆을 슬쩍 봤는데 역시나 있었다. 『레겐다·오레아れげんだ·おうれあ』가! 『사라수의 꽃』에 수록된 「어느 신도의 죽음」이라고 하면, 그 이야기의 실마리를 『이소호모노가타리』(『이솝우화』로, 500부 한정으로 교토대학 문학부에서 펴낸 『이소호모노가타리』는 일본어로 번역된 최초의 서양문학이다)나 아나톨 프랑스의 1881년 작 『실베스트르 보나르의 죄』에서 찾을 수 있는 것으로도 유명하지만, 그 옆에 신비의 책 『레겐다·오레아』가 당당히 꽂혀 있는 것이다. 꺄아! 자주自注에서 이 책을 취재했다고 하지만 실재하지 않는다던 『레겐다·오레아』(상·하)가 역시나 존재했던 것인가, 하고 놀라며 손에 쥐었다. 그런데 응, 뭐지? 엄청 깨끗하잖아. 신간인가. 앗, 심지어 발행처는 '분시무라'. 그렇다는 건 실재하지 않는 책을 만든다는 것―! 이야, 당했네. 이렇게 된 이상 이것도 사야지.

하며 서둘러 편지와 책을 가슴에 안고 힐끗 휴대전화 화면에 뜬 시계를 확인했는데 어느새 두 시간 가까이 지나

• 木村毅, 문학평론가이자 소설가.

있었다. 더이상 지체할 수 없다는 생각에 황급히 서재 안을 살폈다. 그곳에는 아쿠타가와가 좋아한 메리메와 아나톨 프랑스, 비어스와 포의 책도 여러 권 갖춰져 있다. 다른 책장에는 아쿠타가와와 절친했던 무로 사이세이의 『사랑의 시집』이, 그리고 그가 자주 읽었다고 알려진 바쇼의 책 상당수가 꽂혀 있다. 또 책상 위에는 마쓰야산 원고지가 놓여 있다. 아쿠타가와라고 하면 퇴고를 거듭할 정도로 문장을 음미한 것으로 유명하다. 점주는 퇴고를 지나치게 안 하는 타입이니 이 원고지는 사서 잘 모셔두는 것으로. 서랍을 열자 기쿠치 간•, 스즈키 미에키치••의 서한이 들어 있어서 이것 역시 탐이 났지만, 여기보다 더 시간을 잡아먹을 게 뻔한 이부세 마스지의 저택으로 이제 그만 발걸음을 옮겨야 할 때다.

아쿠타가와의 저택을 뒤로하고 터벅터벅 걷는데 마스지의 저택까지 가는 길에 '다키타 초잉•••의 집'이 있는 게 아닌가! 이 사람에게 인정받으면 문단에서는 일류라고 불리는 덕에 무로 사이세이가 『유년 시절』의 원고를 현관에 냅

• 菊池寛, 1888~1948. 소설가 겸 평론가.
•• 鈴木三重吉, 1882~1936. 소설가 겸 아동문학가.
••• 田樗陰, 1882~1925. 종합잡지 『中央公論』의 편집장을 역임한 유명 편집자.

다 던지고 가(초잉이 무서워 직접 전하지는 못했다) 인정받았다거나, 다니자키 준이치로와 사토 하루오가 출세하는 계기가 됐다는 바로 그 다키타 초잉의 집이다. 옆의 팻말을 읽어보니 이곳은 아무래도 늘 문이 잠겨 있어서 평소에는 들어가지는 못하는 모양. 그러나 요즘 같은 세상에는 드물게 '원고지에 쓴 육필 원고'에 한해 현관문에서 놓고 가면 그것을 다수의 편집자가 읽고, 이거다 싶은 작품은 출판사 분시무라에서 출간을 하기도 하는 듯하다.

호오, 라고 생각하면서 계속 걸음을 옮기자, 조금 뒤에 드디어 '이부세 마스지의 저택'이 눈에 들어왔다~! 마스지의 저택으로 말하자면, 히로세 사부의 설계로 굉장히 멋진 구조로 지어졌다. 점주는 오래전에 오기쿠보까지 이 집을 보러 간 적이 있는데, 그때 봤던 격자무늬 대문 모양 하나하나가 그대로 살아 있는 것을 발견했다~! 그런 관계로 현관으로 들어서는데, 이 현관, 그거다! 오자키 가즈오의 단편「현관 목욕」에 나온 바로 그 현관말이다!!

특정 이야기의 무대가 된 곳에 갈 수 있다는 점은 상당히 매력적인데, 그것이 수필도 (사)소설도 쓴 작가의 '집'이라고 하면 두근거리는 마음이 멈추지 않는다! 어떤 나날을 어떤 장소에서 보내고, 그런 글을 썼을까 하는 팬심 가득한 심정으로 당장 들어가보고 싶어진다.

마스지 씨 하면 소설이면 소설, 시면 시도 쓰고, 낚시도 좋아하고 장기도 두었으며, 본래 화가를 꿈꿀 정도로 서화 골동을 좋아한 사람이기도 하다☆ 그래서 서재 옆 응접실을 슬쩍…… 마스지 자신이 그린 그림이 걸려 있다-! 이것 역시 살 수 있는 거겠지. 벽 선반에는 그가 수집한 베트남 찻잔과 함께 직접 구운 도자기도 있다. 점주, 술을 마실 수 있으면 이 술잔을 샀을 텐데…… 음…… 잠시 고민을 하는데, '아니아니, 오늘은 뭘 하러 왔냐, 책을 사러 왔다'라는 생각에 퍼뜩 정신을 차리고, 낚시 도구와 장기 도구 등 마스지 팬으로서는 당장이라도 만지고 싶은 것들이나 외출할 때 빼놓지 않았다는 헌팅 모자도 엄청 갖고 싶기는 해도 일단은 책장으로 직행이다!

…… 이야!!! 마스지 씨의 저서, 초판 그대로의 얄팍한 모습으로, 신초샤에서 간행한 '신흥 예술파 총서'의 『한밤중의 매화』도 있고, 에가와쇼보에서 나온 『강』, 문예춘추에서 출간한 『꽃의 마을』도 있다. 거기에 『액막이 시집』은 보쿠요샤 · 모쿠바샤 · 고단샤에서 나온 것들뿐만 아니라, 나가사키출판에서 나온 것까지 전부 한곳에 모여 있다! 이 밖에도 나지오화지를 사용한 분시무라 오리지널 『액막이 시집』도 있지 않는가! 전집도 슌요도서점판으로 직접 고른 것이나 소겐샤판도 있고, 월례 보고도 제대로 붙어 있다.

단편 「잉어」가 실린 『게이게츠』, 개고해서 「도롱뇽」이 된 「유폐」가 실린 『세기』, 처음으로 소설로 원고료를 벌었다는 「일그러진 도안」이 실린 『부동조』, 속해 있던 동인지 『작품』이 있는가 하면, 문단에서 처음 정통한 평가를 받았다고 해도 과언이 아닌 고바야시 히데오의 「단게 씨 저택」 평이 실린 『개조』 등도, 더욱이 마스지 씨에 관한 기사가 실린 잡지도 모두, 책장에 꽂혀 있다!!!

그리고 한때 근무했다고 하는 발행소 '슈호가쿠聚芳閣' 시절, 깜빡하고 판권장을 빠뜨리고 출판했다(!)는 바실리 골로브닌•의 『일본 유폐기』도 놓여 있다. 진짜 오길 잘했다!

지갑을 열어보고 일단 에가와쇼보의 『강』과 분시무라 오리지널 『액막이 시집』을 가슴에 꼭 끌어안았다. 우와, 전부 갖고 싶어져버렸다고!

하지만, 하지만! 우선 마음을 가라앉히고 서재를 좀더 탐험해보자.

오, 이쪽에는 『이부세 마스지 어록』 에서 언급된 책들이 가지런히 꽂혀 있다. 예를 들어 "저것이 문학을 나에게 권

• Vasily Mikhaylovich Golovnin, 1776~1831. 러시아의 항해가. 디아나호의 함장으로, 지도 제작을 위해 쿠릴열도의 지리를 조사하던 중 구나시리섬에서 일본인에게 체포되어 포로생활을 했다.

한 거나 다름없습니다. 저것은 괜찮네요. 구성도 좋고"라며 직접 말한 적 있는 도쿠다 슈세이• 번역의 알렉산드로 푸시킨의 『대위의 딸』이나 『도롱뇽』을 쓴 계기가 된 안톤 체호프의 「내기」. 또, 모리 오가이나 시가 나오야 등 마스지 씨도 놀라워했던 소설도 있는가 하면, 어린 시절에 애독하던 잡지 『소년 세계』와 『소년』도 꽂혀 있다. 너무 멋지다!

다른 곳에서는 "마르크스 어렵네"라고 생각하다가 고바야시 히데오가 읽고 있다고 해서 "그럼 재미있는 곳에 밑줄을 긋고 그것을 내게 빌려주시오"라고 말해 "바보"라고 혼이 났다는 히데오 씨의 밑줄이 그어진 마르크스의 『자본론』, 야나기타 구니오가 "우선 사진부터 보세요"라고 문에 써서 갑자기 보냈다는 그리스도교의 숨겨진 이야기를 다룬 책도 있다. 참을 수가 없어-!

그 외에도 마스지 씨가 눈을 걸고 받았다고 하는 다나카 고타로와 와세다대학 시절에 강의를 들었다던 요시다 겐지로, 쓰보우치 쇼요의 책, 존경했던 다쓰노 유타카와 마사무네 하쿠초의 책, 그리고 제자인 다자이 오사무, 관계가 깊었던 가와모리 요시조, 오누마 탄, 나가이 다쓰오……

• 德田秋声, 1871~1943. 근대 일본 자연주의 문학의 개척자.

등의 저서도 있는가 하면 샤를루이 필리프•의 작품 등 마스지 씨의 애독서도 좌악! 게다가 마스지 씨에 대해 자세하게 쓰인 소설이나 수필 등 평전과 작가론 책을 함께 두고 있어 이부세 마스지의 사고회로를 더듬어볼 수 있게끔 되어 있다. 심지어 거기에 있는 책 전부를 살수도 있고-!

아악! 점주, 더이상 안 되겠어. 나 여기에 살래! 하고 다짐하면서도 앞서갈 이유가 없으므로 일단 지금은 확실히 손에 쥔 두 권에다 「유폐」가 실린 『세기』와 푸시킨의 『대위의 딸』, 마스지 씨가 애용한 만년필을 사기로 한다! 헤헤헤.

너무 흥분한 탓에 응접실에서 차라도 한잔 주문하고 싶지만(술을 마실 수 있는 분이라면 마스지 저택의 경우, 고후 부근의 명주名酒를 팔고 있는 듯. 마음에 드는 식기류를 발견하면 그대로 구입도 가능합니다), 시간상 '오자키 가즈오의 저택'은 포기하더라도 '간바야시 아카쓰키上林曉의 저택'에는 가고 싶어서 차 주문은 그만뒀다. 왜냐하면 9월에 분시무라에 온 목적 중 하나는 간바야시 저택의 정원에 피는 달맞이꽃을 사기 위해서이기도 하니까-!

• Charles-Louis Philippe, 1874~1909. 프랑스의 소설가로 톨스토이, 도스토옙스키의 영향을 받아 작품에 자신의 성장 체험을 토대로 하층계급의 생활을 애정을 곁들여 소박하게 묘사했다.

정원에서 사람들의 마음을 달래주었는데, 잡초로 착각한 정원사가 무참히 뽑아버렸다는 달맞이꽃. 다시 내가 뜰을 되찾아주어야지. 둑으로 풀을 뜯으러 가는 주인공. 달맞이꽃 하나하나는 작고 덧없지만 둑 한 면에 마치 불빛이 빛나듯 그 꽃들이 밝은 흰색과 노란색으로 피어난 풍광을 상상하면서…… 이 꽃이 특별히 다른 꽃보다 진귀하다고 말할 것은 아니지만, 간바야시 아카쓰키의 「꽃의 정령」을 읽었을 때 달맞이꽃이 마치 아련한 희망처럼 느껴져 그 후에 계속 마음 한구석에 남아 있었다.

그리고 9월은 아직 달맞이꽃의 계절. 그렇다면 이것은 절대로 우리 집에 사가지고 돌아가고 싶어!! 이러니저러니 해서 간바야시 저택으로. 실은 저택 안도 천천히 살펴보고 싶지만, 어느덧 마을이 문을 닫을 시간인 저녁 6시 가까이가 되었지 뭔가!(11월~2월은 오후 5시까지) 이런저런 사정으로 들어가고 싶은 마음을 꾹 누르고 약 3평 남짓한 정원을 만끽하고 달맞이꽃의 모종을 무사히 획득했다!

매우 만족했다고는 말하기 뭣한 것이, 아직 보지 못한 것들이 너무나 많다. 연내에는 다니자키 준이치로와 다케히사 유메지, 오자키 시로, 우노 치요, 사카구치 안고 등 쟁쟁한 문인들이 머물렀다는 '혼고키쿠후지 호텔本郷菊富士ホテル'도 완성될 예정이라고 하니 반드시 꼭 다시 오고 싶다!

아아, 그렇더라도 전부 갖고 싶다, 마스지의 저택…… 진짜 이대로 여기서 살면서 책방을 계속하는 것도 좋지 않아? 하고 생각하지만. 그런 꿈을 꾸게 하는 분시무라, 괜찮다면 여러분도 꼭 한번 가보시기 바랍니다~☆★☆

'BUNSHIMURA!' 인기 도서 베스트 3

❶ 하야시 다다히코, 『문사의 시대文士の時代』, 추코문고

❷ 나쓰메 소세키, 『소세키 일기漱石日記』, 이와나미문고

❸ 이부세 마스지, 『액막이 시집厄除け詩集』, 분시무라

쇼시보타니카

書肆ボタニカ

지바현 나라시노시

야마다 도모히로(분쿄도 유카리가오카점)

점장이 내게 가게 소개글을 써보라고 말한다. 뭔 소리인가 싶다. 이곳이 특별히 어느 기업에서 운영하는 체인점도 아니고, 카리스마 점원을 거느리고 있는 것도 아닌데 이곳 서점을 전국으로 유통하는 서적에 소개할 수 있다는 둥 요행을 바라는 눈치다. 그나저나 그 불손한 태도는 뭔가 싶어서 물어보면 자신의 태도에 대한 인지는 하고 있다. 그럼에도 "이런 거 자네가 더 잘 맞는 것 같아. 봐봐, POP라든가 글 쓰는 거 나보다 더 잘하잖아" 같은 말을 던진다. 그런 취약한 근거를 바탕으로 그저 나한테 일을 떠넘긴 것뿐이라는 석연치 않은 느낌을 지울 수 없지만, 일단은 한번 봐주는 셈치고 쓰기로 했다.

그건 그렇고, 현재 내가 일하는 '쇼시보타니카'는 지바현 시라노시에 있는 개인이 경영하는 서점이다. 나리타공항으로 향하는 지역 노선의 보통 열차밖에 정차하지 않는 작은 역 인근에 위치해 있는데, 역에서 내려 바로 앞 상점가를 지나 오른쪽 곁길로 접어들면 소란스러움이나 사람들의 왕래가 안타까울 정도로 거의 없는 곳에 자리하고 있다. 오른쪽으로는 빵집, 왼쪽으로는 영업을 하는지 안 하는지 미심쩍기만 한 이불집이 맥락 없이 어깨를 나란히 하고 있다. 이것만으로도 답답할 노릇인데, 서점을 정면에서 바라보면 가게 바로 앞에는 큼직하게 우뚝 솟아 있는 벚나무를 기점으로 오른쪽 절반은 2층, 왼쪽 절반은 3층이라는 참으로 기묘한 구조로 지어졌음을 알 수 있다. 게다가 서점 앞 주차장을 돌아, 가게 뒤편으로 가보면 뒤쪽 절반은 앞쪽 절반과 지붕의 색도 형태도 확연히 다르다.

이것은 특별히 기이함을 담아 건축하고자 했다거나 어떤 호기로움의 산물 같은 게 아니다. 그보다는 과거 인접해 있던 찻집이 폐점한 무렵, 선선대 오너가 그곳을 매입해 벽을 부수고 무리하게 건물을 이은 결과라고 한다. 게다가 그 찻집 자체가 뒤편에 있던 점포를 이미 몇 채나 합친 것이라 어쩌다보니 지금과 같은 지경의 건물 모양이 되었다. 덕분에 가게 안에는 중앙을 4등분하듯 커다란 보가 뻗어 있어 상당히 방해가 되는 것은 물론, 미묘한 단차나 기둥이 여기저기에 있다.

규모가 큰 지진이 많은 요즘 같은 때는 아무리 짧게 잡아도 지은 지 40년은 족히 넘었음직한 건물의 안전성은 웃지 못할 만큼 허술하기 짝이 없다고 생각하지만, 나로서는 이러지도 저러지도 못하는 상황이다. 여기에 덧붙이자면, 가게 안의 집기도 같은 것이 하나도 없다. 그것은 역대 오너가 중고품이나 남에게 받은 것, 폐재廢材, 증개축과 리노베이션을 반복한 결과다. 그 때문에 서점이지만 가게 안에는 일반적인 책장이 극단적으로 적다. 시계나 안경을 넣어두는 쇼케이스라고 생각하면 그나마 낫지만, 아이스크림용 냉장고까지 있어서 책장 대신 이 잡동사니들을 지금도 계속해서 사용 중이다. 어떤 정도냐면 가게에서 가장 눈에 띄는 평대는 원래 찻집의 카운터였던 것으로 잡지가 잔뜩 진열되어 있고, 아이스용 쇼케이스는 문고본을 두기 위한 평대로 쓰인다. 단행본 신간 평대는 아마도 안경 쇼케이스로 사용되던 것이리라. 이곳의 점원인 내가 말하기는 좀 뭣하지만, 대단히 불편하기 짝이 없다. 심지어 이 어수선한 1층은 비교적 연배가 있는 손님들을 위한 공간이다.

참고로, 2층에는 학습 참고서와 만화가 함께 배치되어 있고, 1층과는 판이하게 다른 얼굴을 한 서점이라고 할 수 있다. 추측대로 이 아담한 공간은 젊은 층이 타겟이다. 그러나 안타깝게도 과거와 비교하면 변한 게 아무것도 없지는 않다. 천장을 올려다보면 커다란 흰 우산 같은 것이 매달려 있다.

눈치챘을지 모르겠지만……이것은 소형 플라네타륨 상영용 스크린이다. 어째서 여기에 이런 것이 있는 거지? 나는 알 길이 없다. 새삼스레 자꾸 홍보는 것만 같아 미안한 마음이 살짝 들지만, 가게 정면에 있는 벚나무도 초봄에는 확실히 무엇과도 바꿀 수 없다고 생각할 만큼 좋지만, 여름이 되면 송충이 소굴로 변한다. 또한 본래 자동차 두 대는 너끈히 주차할 수 있을 만한 공간을 이 벚나무가 차지하고 있는 탓에 자전거 몇 대만 세워둘 수 있는 게 고작이다.

한편, 3층 쪽 입구의 작은 여닫이문(영업 중에는 열어둔다)에서 나무로 만든 작은 슬로프를 타고 한층 위로 올라가면, 먼저 처음 이곳을 방문한 손님 대부분이 놀라서 걸음을 멈추는데, "어서 오세요"라는 한마디에 정신을 차린다. 그럼 왜 다들 멈추는가, 하고 그 이유를 물으신다면, 여러 가지 잡다한 책장(잡동사니)을 더욱 웃도는 위화감, 원래 서점과는 매우 궁합이 나쁘다는 수조가 벽에 붙은 것처럼 자리를 차지하고 있기 때문이다.

이러니 완전, 스태프인 나도 처음에는 주인이 제정신인가 의심했다. 50평 정도밖에 안 되는 제한된 공간에 사람의 눈에 잘 띄는 높은 위치에, 작게는 너비 15센티미터, 크게는 60센티미터 정도의 사각 수조가, 그것도 서점에 10개

이상 빽빽하게 진열되어 있는 것이다. 심지어 특별히 네온테트라라든가 구피 등이 색색으로 헤엄치고 있는 게 아니라, 실내 식물 재배용으로 수초가 메인인 수조뿐이다. 안에 있는 물고기라고는 송사리 같은 별 볼 일 없는 녀석들밖에 없다.

왜 가게 벽 한 면을 수조로 장식한 걸까?…… 우여곡절 끝에 이곳에 내가 취직했을 때 점장에게 그 이유를 물은 적이 있다. "괜찮아, 만에 하나 물이 새더라도 주위 책에는 닿지 않게 되어 있어." 아니아니, 나는 그런 걸 물은 게 아니라고요. "음…… 글쎄, 이 수조도 벚나무도 아이스케이스도 이곳에 존재할 만한 이유가 있다고 생각하는데." …… 아니아니, 의미심장한 것처럼 말하지만 전혀 이해할 수가 없다.

뭐든지 일의 시초는 과거 이곳에 있던 찻집의 부지와 건물을 선선대가 매입해 책방으로 개조한 때의 조건이 이 수조와 잡동사니 일체를 유지하는 것, 그리고 책방을 계속하는 것과 연결된 까닭인 듯하다. 어째서 수조인지, 잡동사니인지, 그리고 왜 서점이어야만 하는지. 점장을 추궁하자 경악스러운 답이 돌아왔다.

"여기 옛날에는 강이었던 모양이야. 지금은 지하에 묻혔지만."

즉, 수조는 꽤나 작은 흔적인 셈이다.

"자네가 말하는 잡동사니라는 것도 원래 이 장소나 이 거리에 지어졌던 가게에서 쓰던 것들이야."

그런 이유로 선대부터 지금의 점장이 이어받았을 때의 조건도 자연스럽게 그것까지 물려받게 되었다나 뭐라나. 참고로 벚나무는 찻집의 이전 주인이 가지고 있던 유물로 어떤 가게였는지 나로서는 모른다. 아무래도 가게 같은 게 아니라 이 지역에 자위대 주둔지가 있는 것과 연관이 있는 듯하지만, 점장이 입을 열지 않는다(원래 여기에 있는 모든 것의 역사를 점장이 전부 파악하고 있는 건지도 의심스럽지만). 이처럼 여기서 장사하는 사람은 반드시 선대부터 뭔가를 이어 후대에 전하지 않으면 안 된다고 한다. 잡동사니 같은 집기 하나 조차도.

즉, 이 가게는 작은 '지역의 기억'이며, 그러므로 '존재하는 것'이 지상 명제인 셈이다.

그럼 왜 서점일까? 어떤 가게든 상관없지 않은가.

"서점이라는 곳은 자고로 무엇을 두든 이유를 갖다붙일 수 있잖아? 그것에 관한 책이 있으면 되니까."

…… 그런 이유냐!

여기까지 읽어주신 분들이라면, 제가 왜 이 가게의 소개글을 쓰라는 얘기를 들었을 때 석연치 않은 태도를 취했는지 눈치챌 수 있을 것이다. 소개를 하자면 '요상한 레이아

웃의 책방'이라는 설명을 뛰어넘어 '작은 거리의 기억'을 그저 개진하는 일에 그치고 말 것이다. 게다가 과거에 대해서라면 나보다 점장이 절대적으로 자세히 알고 있을 터. 그렇다면 점장은 나에게 왜 이 소개를 맡긴 걸까? 그 점에 대해서 실은 짚이는 바가 있다.

이 쇼시보타니카는 '작은 거리의 기억'을 접붙이기처럼 서로 연결해 축적해가는데, 가게 안은 혼돈을 증폭시킬 뿐이지만 거기서 문득 이런 생각이 들었다. 이 잡동사니의 오합지졸 같은 '작은 거리의 기억'은 아직도 어딘가에 있을지도 모르지만, 이 거리에 사는 사람들에게는 이곳에서만 만날 수 있는 무엇과도 바꿀 수 없는 존재인지도 모른다. 그렇다면 나는 나대로 여기에 부족한 것이 있다고 생각했다. 그것은 '이 거리에 사는 사람들의 기억'이다.

그래서 나는 중고서적의 선반을 만들었다. 일부러 고물상 허가 신청을 하면서까지 말이다. 그리고 되도록 얼굴을 아는 손님에게 책을 사들여 선반을 채우고 있다. 왜냐하면 이건 이것대로 이 거리에 사는 사람들이 어떤 책을 읽어왔는지 엿볼 수 있는 중요한 '기억'이 아닐까 하는 생각에서다. 지금은 작은 선반에 불과해 뭐든지 늘어놓을 수는 없어서 어쩔 수 없이 테마를 정해 모으고 있지만, 언젠가는 더욱 크게 만들고 싶다. 그러니까, 옆집 이불 가게가 언제 빌지도 모를 일이고. …… 그치만 이불 가게의 집기는 어떻게 사용해야 하지?

'쇼시보타니카' 인기 도서 베스트 3

❶ 사에키 야스히데, 『신·주정뱅이 고토지新・酔いどれ小藤次』 시리즈, 분슌문고

❷ 고지마 아쓰미 외, 『가까운 사람이 사망한 후 수속의 모든 것身近な人が亡くなった後の手続のすべて』, 지유고쿠민샤

❸ 모모세 요시유키, 『추억의 행사おもひでぎょうじ』, 야나기하라 가즈나리 감수, 신유샤

다마가와 서점 뉴스이점

玉川書店入水店

도쿄도 미타카시

마쓰모토 다이스케(사와야 서점 FES"AN점)

간토 지역에 장마가 온 그날, 미타카역 전차에서 내린 나는 한숨을 크게 한 번 내쉰 후 남쪽 출구로 나왔다. 둥글게 말린 등으로 역사를 등진 채 우산을 펴고, 동쪽 방향으로 무거운 발걸음을 옮겼다. 지브리미술관행 버스 정류장을 지나 좀더 걸어가자 점차 번잡함과는 멀어졌다.

'바람의 산책길'이라고 이름 붙은 도로가를 걸으면서 나는 또 오늘도 오늘이라는 하루를 잊으려고 노력한다. 입학한 지 두 달 반이나 되었지만, 나는 쓰가루 사투리가 부끄러워서 좀처럼 누군가와 대화를 하지 못하고 있었다. 고향에서는 꽤나 달변가로 통하는 내가 대학에서는 고독을 벗삼아 책과 마주하는 날이 이어지고 있었다.

"인간 365일, 아무런 걱정도 없는 날이 하루, 아니 반나절이라도 있다면, 그들은 행복한 사람입니다."

고향의 문호가 한 말을 떠올리며 내일에 대한 희망을 가슴에 안고 살자고 생각하지만 그런다고 마음이 개운해지지는 않는다. 이 귀로를 경쾌한 바람처럼 걷는 날이 올까.

"어떠하면 좋겠나……."

무의식중에 내뱉은 고향 사투리를 황급히 주워삼키고 주위를 둘러봤다. 그러자 조금 떨어진 곳에 우산도 쓰지 않고 길가에 쭈그리고 앉아, 교카세키로 만든 비석• 앞에서 손을 모으고 있는 머리가 벗겨진 아저씨의 모습이 눈에 들어왔다. 길에 세워둔 리어카 옆면에는 붉은 글씨로 커다랗게 '다마가와 서점 뉴스이점'이라고 적은 종이가 붙어 있다. 그 문자가 주는 박력에 무심코 가던 길을 멈추고 그 자리에 서 있자, 인기척을 느낀 건지 눈을 감고 있던 아저씨가 나를 책망하는듯 바라보며 윽박지르듯 이렇게 말했다.

"니는 거 낯짝으로 우다 알코 주는 거 아니다."

"그, 그럴 매움은 없잖소."

"니 그 말투, 혹시 쓰가루 출신 아니나?"

"그렇다면 어쩔건데."

"하하하, 그야 나도 모르지."

• 玉鹿石. 다자이 오사무를 추모하기 위해 그의 고향인 아오모리현 고쇼가와라시 가나기마치의 교카세키로 만든 비석. 이 근처 다마가와 조스이에서 다자이 오사무가 투신했다.

6月19日の本

아저씨는 파안일소하고는 일방적으로 말을 하기 시작했다.

●

젠린지禪林寺 근처에 있는 고쇼가와라 서점 입구를 지나자 잡지 매장에서 말다툼 소리가 들려왔다. 가게에 올 때마다 거의 항상 보게 되는 말다툼 현장인지라 좀 지긋지긋한 기분으로 그곳을 쳐다보니 시메코 씨라고 불리는 부점장 여성이 비즈니스팀 담당 시즈코에게 매섭게 따지고 있다. 일전에 고객 문의가 있을 때 불성실한 태도로 응대한 것을 잊지 않고 명찰에 쓰인 '시즈코'라는 이름을 기억해둔 것이다.

눈꼬리가 짧고 지기 싫어하는 성격이 드러나는 눈매를 한 시메코는 감정기복이 심하고, 뭐든 남의 탓으로 돌리기 일쑤다. 지금도 시즈코를 정면으로 노려보면서 손님을 대하는 태도나 간드러진 목소리 등 그동안 마음에 담아두고 있던 점에 대해 본래 타고난 허스키한 목소리로 상대에게 퍼붓고 있었다.

"이봐, 굼벵이. 벌써 3월 말인데, 언제까지 '싫어하는 상사여, 잘 가오 페어' 할 거야! 안타깝게도 올해도 내가 이동하는 일은 없으니까 그렇게 알아!!"

듣기 거북한 말 폭탄을 받은 시즈코로 말할 것 같으면, 내리깐 눈을 상대의 가슴 부근에 둔 채 두툼한 입술을 삐죽 내밀고 시메코가 한마디 한마디 쏟아 부을 때마다 차분하게 반론하고 있다.

"내가 굼벵이면 당신은 쓰레기야" "아직 사흘 남았어" "당신이 그만둘 때까지다" "이동이 아니라 내가 노리는 건 주살이야" 하며 날아드는 말을 받아치는 데는 이치로 선수 비할 바가 아니다.

사사건건 대립하는 이들은 어느 한쪽이 상대가 업무상 작은 실수라도 한 것을 발견하면 '기다리고 있었습니다'라는 듯 침소봉대針小棒大해 주위에 떠벌리고 다니며 상대를 깎아내리는 데 여념이 없다. 이제는 내면의 미움을 점점 더 키워 머릿속에는 적을 섬멸할 생각밖에 없는 것 같다. 전투 모드에 돌입하면 가게 안에 손님들이 있다는 것도 완전히 잊고 서로 물고 뜯기에 바빴다.

그 모습을 힐끗 보고는, 언제나처럼 문고 선반 앞에서 선 채로 책을 읽고 있자 제법 느낌이 좋은 도미에라는 점원이 그녀들의 볼썽사나운 싸움을 멀찌감치에서 바라보고 있는 모습이 눈에 들어왔다. 진심으로 경멸하고 있는지 절레절레 고개를 좌우로 흔든 그녀는 남자와 눈이 마주치자 가지고 있던 문고본을 가리킨다. 전체적으로 색조가 어두운 표지에 쓰인 그 책의 제목은 『인간 실격』이었다.

손님인 자신은 아랑곳하지 않고 계속된 쌍방 비난은 한동안 끝날 기미가 보이지 않는다. 남자는 무슨 결의라도 다진 듯 출구로 향했다. 도중에 도미에에게 다가가 자신의 숱 없는 머리에 손을 대고 만지작거리면서 "장사할 매움이 없으면 내가 팔지"라고 말하고는 가게를 나섰다.

사양산업이라는 출판계 저변의 서점에서는 제대로 된 급여를 주지 못한 지 오래다. 우수한 인재는 다른 업종으로 빠져나가고, 젊은 세대는 미래가 없는 이 업계를 애초에 선택지에 집어넣지 않는다. 급격하게 진행되는 인구감소와 그에 따른 노동인구 격감으로 성별에 따른 직종의 제한이 여당에서 제안되었고, 조금씩 처리되는 식으로 헌법이 개정된 것은 불과 얼마 전 일이다.

우선 우국憂國의 무리를 스스로 인정하는 의원들이 초당파를 결성하고 양원에서 3분의 2 이상의 찬성을 얻고 말았다. 심지어 논란이 팽팽한 9조보다도 먼저 연습으로 22조 직업 선택의 자유를 개정하는 것을 찬성하는 사람들과 나라의 경제를 제일로 생각하는 경단련의 '노동력의 효율적인 확보'라는 기대가 일치. 국민투표로 전후 처음으로 헌법 개정을 국민의 손으로 정한 것이다.

개정에 수반해서 정비된 법률에 따르면, 남성의 제3차 산업에 대한 취업활동이 일체가 금지되었다. 체력적으로 여성보다 우위에 있는 남성은 제1차, 제2차 산업에 취업해야 한다는 시대착오적인 발상에 따라 서점 현장에는 이제 여성들만이 일을 하고 있다.

어느 문호의 유명 작품에도 "자식보다 부모가 소중하다고 생각하고 싶다"라고 했는데, 그것은 국민을 위해서 국가가 있는 것이 아니라 국가를 위해 국민이 존재한다고, 일부 엘리트들이 생각하기 시작했다는 증거였다.

그런 위험한 국가사상에 연막을 치려는 듯 "평화와 자유를 저울질해 평화를 택한 일본인"과 같은 엉뚱한 해석이 미담처럼 유포됐지만, 어딘가 위화감을 지울 수 없다고 남자는 생각했다. 평화와 자유는 원래 표리일체 불가분의 것이다. 가까운 미래, 평화도 눈 뜨고 코 베이는 격으로 차례차례 빼앗기리라는 예감이 들었다. 그러나 고쇼가와라 서점에는 그런 일에 관심을 기울이는 사람이 없다. 오늘도 국정 수준에서 보면 작고 아무 성과도 없는 싸움이 벌어지고 있을 뿐이다.

가나기는 격분했다. 자신은 정치에 대해서는 아는 바가 없지만 사악함에 대해서는 남보다 갑절이나 민감했다. 내세울 것 없는 생애를 살아왔지만 방금 고쇼가와라 서점에서 벌어진 싸움의 말로가 망국의 전조임을 본능적으로 알아챈 것이다. 국가가 나쁘다. 문자가 문학이 사상이 상상이 이 나라의 잘못된 길을 구하는 유일한 수단이자 무기라고 가나기의 벗겨진 머리를 가득 채운 굳은 뇌는 그렇게 결론지었다. 그러나 지금 남자는 서점에서 일할 수 없다. 그렇지만 납득할 수 없는 것을 따를 이유 역시 없다. 그나저나 내가 매일 들르는 서점에서는 '미래'를 상상할 수 없다. 어딘가 문호의 애인 같은 이름을 가진 여자 점원이 너무나 많은 것이다.

그렇게 가나기는 탄식하며 나라의 잘못을 바로잡기 위해서는 '내가 곽외•가 되어 시작하는 수밖에'라고 결심, 벗겨진 머리를 두드리며 "내가 팔겠어" 하고 도미에에게 단호하게 말하고 가게를 나선 것이다. 자신이 경애하는 그 작가가 일본을 구한다고 믿으며.

그 후 가나기는 365일, 오늘이라는 날과 관계가 있는 작가의 작품을, 관련 있는 장소에서 팔기 시작했다. 정부의

• 郭隗, 중국 전국 시대 연(燕)나라 사람으로 연나라 소왕이 제(齊)나라에 복수하고자 인재를 구할 방법에 대해 묻자 먼저 자신부터 등용하라는 말을 했다고 알려져 있다.

눈을 피해 서점의 이름도 매일 바꿨다. 어떤 때는 로카 공원에서 '팔리지 않으면 서점을 살 때까지 기다리는 가게'라고 칭하고 『호토토기스不如帰』•를 팔았고, 또 어떤 때는 이와테현 이치노세키에 나타나 '아사다 서점 철야점'을 개점하고 숙면법 책을 팔기도 했다. 결의를 다진 지 2년이 지나, 신출귀몰한다는 소문이 돌던 가나기는 올해 6월 19일에 미타카에 나타나 기분이 썩 좋아 보이지 않는 쓰가루 방언을 쓰는 청년을 만나게 된 것이다.

●

"하하하, 그야 나도 모르지."

대머리 아저씨는 파안일소하고는 자신을 가나기라고 소개한 후, 내 고향에서 열리는 리어카시를 모방해 리어카 서점을 시작한 이유를 그 신념과 함께 내게 쏟아낸 것이었다.

"머~ 니가 무슨 말을 지껄이는지는 당최 모르겠네지만 뭘 원하는지는 니 눈깔을 보믄 알 것 같다."

그렇게 말한 아저씨는 리어카에 손을 뻗어 덮개를 젖히고 그 안을 뒤적였다. 다음 순간, 왼손에 문고본을 들고 재

• 1898년부터 1899년까지 『국민신문』에 연재된 도쿠토미 로카의 소설.

빠르게 오른손으로는 시대착오적인 라디오카세트의 스위치를 눌렀다.

사태를 따라잡지 못한 내 귀에 흘러든 곡은 오오쓰카 아이의 「사쿠란보」였다. 가나기는 팝스러운 곡에 맞춰 몸을 흔들며 "나~의 사쿠란보~" 하며 노래를 부르면서 손에 든 책을 내게 내밀었다. 6월 19일에 가나기가 고른 책은 사쿠라 모모코의 『복숭아 통조림』이었다.

동향 출신 문호의 기일에 설마했던 '사쿠란보'와는 차이가 있다.

나는 추천받은 대로 책값을 치르고 그에게 더이상 말려들지 않으려고 서둘러 그 자리를 떠났다. 하지만 그날 밤, 지난번 그 에세이를 읽으면서 나는 도쿄에 온 이후 처음으로 소리 내어 웃었다.

'가나기의 리어카 서점'(6월 19일은 '다마가와 서점 뉴스이점') **인기 도서 베스트 3**

❶ 무코다 구니코, 『뱀과 전갈같이蛇蠍のごとく**』, 분슌문고**

❷ 하야시 후미코, 『방랑기』

❸ 혼다 야스하루, 『유괴誘拐**』, 치쿠마문고**

인쇄물 책임법

후지와라 아키쓰구(후지와라 인쇄)

2016년 11월 어느 날이었다. 서점에서 우연히 『아름다운 인쇄』라는 책을 집어 버릇처럼 목차를 훑어본 후, 책 말미(판권면)를 확인하다가 여느 책과 좀 다른 게 눈에 띄었다. 자세히 들여다보니 일반적인 책 말미에 기재하는 인쇄소나 발행자 이름 외에도, 책이 나오는데 관련된 제작자들의 이름이 줄줄이 적혀 있었다.

지은이: 후지와라 데루코, **편집**: 후지모토 쇼지, **교정**: 시모지마 다카시, **조판**: 미쓰이 노리마사, **제판**: 스즈키 리기, **감수**: 하기하라 켄, **조색**: 고미야마 히로아키, **용지**: 히라사와 가즈오, **인쇄**: 다케우치 시게하루, **재단**: 후쿠이 타이고, **제본**: 후지와라 류코, **생산 관리**: 스기모토 류타

2000년 이후, 인터넷 상에서 365일 24시간 가동하는 값싼 인쇄 통판 서비스가 세상을 석권했고, 색감이나 용지와 같은 인쇄의 세세한 부분에 신경 쓰기보다는 더 싸고 빠른 인쇄물을 추구하는 시대로 돌입했다. 품질에 대해 관심이 없으면 기술은 쇠퇴하는 법이다. 이 같은 마이너스적인 측면 때문에 기술력 있는 일본의 작은 인쇄소들이 여럿 도산했다. 인쇄 기술 역시 눈에 띄게 저하되어 인쇄소 대부분이 인재 부족을 한탄하고 있으며, 출판사들도 정교한 조판본을 만들지 못하게 되었다. 이러한 상황에 제동을 걸기 위해 '인쇄물 책임법'이 만들어졌고 2016년 11월 3일부터 시행 중이다. 이 법률에 의하면 책을 완성하는데 연관된 모든 사람의 이름을 책 말미에 기재해야 한다.

원래 1893년에 공포된 출판법에 따라 책의 발행일, 발행인과 인쇄인의 이름과 주소, 인쇄 날짜를 책 말미에 넣어야 했던 때도 있었다. 19세기 후반 활판인쇄 시대에는 기본적으로 한 사람이 인쇄기를 다루었고, 대부분 인쇄회사가 아닌 인쇄 담당 직공의 이름을 말미에 썼다. 그러므로 인쇄물에 이름이 실리는 직공은 더욱 공들여 완성도 있게 만들었으며 일에 자부심도 있었다. 그러나 제2차세계대전이 끝난 후 인쇄인 개인의 이름을 쓰도록 의무를 가하는 법률이 없어져버렸다.

농업계에서는 생산물에 생산자의 이름을 싣는 것이 당연하게 여겨진다. 시장이나 슈퍼에서 파는 채소와 과일에 생산자명을(때론 사진까지 붙여서) 명시한다. 전국 각지에서 열리는 도시형 농장 직거래 시장에서는 개인 농부들이 점포 앞에 나와 '누가' '어디서' '어떻게' 만들었는지 직접 구매자들에게 설명한다. 그곳에서는 물건과 돈뿐만이 아니라, 책임과 신뢰감까지 교환한다. 직접 구매자에게 평가와 인정을 받은 농부는 보다 더 맛있는 채소와 과일로 소비자의 기대에 응하려고 한다. 이런 선순환 구조에서 '기적의 사과'로 이름난 아오모리현의 기무라 아키노리 씨, '하루 천 상자 팔리는 달걀 cocco farm'으로 유명한 모리오카 요시히로 씨처럼 전국적으로 자신의 이름을 브랜드화해 평가받는 농부가 늘었다. 그 결과 농업 자체가 재발견되어 귀농하는 젊은이들이 점차 증가했다.

'인쇄물 책임법'이 시행되고 나자, 인쇄업계도 같은 일이 벌어지기 시작했다. 제 손으로 직접 인쇄한 책을 자신만의 언어로 독자에게 설명하고 판매하는 장인들이 나타난 것이다. 한 권의 책이 '누구 손으로' '어디에서' '어떻게' 만들어졌는지, 책을 처음부터 끝까지 담당한 기술자만이 전해줄 수 있는 스토리가 생겨난 것이다. 이런 움직임이 점점 커지면서 타협을 허용치 않는 질 좋은 책들이 많이 나왔다. 미디어가 인쇄인 개인에게 스포트라이트를 맞춰 다룬 일도 있어 인쇄업계에서 일하고 싶다며 지원하는 젊은이들도 늘었다.

『아름다운 인쇄』라는 책 말미에 이름이 실린 기장(여기서는 인쇄소에서 지정한 색상이 나오도록 잉크색을 배합하는 사람) 고미야마 히로아키 씨는 아무리 특별한 색이라 할지라도 의뢰인의 이미지보다 훨씬 더 잘 만들어내는 기술로 유명하다. 그는 백 종류가 넘는 인쇄용 잉크를 섞거나, 심지어 도장용 페인트같이 다른 업종의 소재도 써서 새로운 색을 창조한다. 그의 활약상이 인쇄뿐만 아니라 패션 업계의 염색 기술에까지 뻗치다보니, 샤넬이나 에르메스, 구찌 등 세계 유명 브랜드의 공장들이 기술자 개인을 지명하여 염색 어드바이저로 전속계약을 맺을 정도다.

인쇄회사가 책을 인쇄만 하던 시대는 막을 내리는 중이다. 이제부터는 책을 만드는 사람 개개인이 그들의 기술을 전 세계로 어필하는 일이 당연한 시대가 도래할 것이다. 이러한 변화가 다시금 인쇄 기술의 향상으로 이어져, 지금까지 본 적 없는 훌륭한 작품으로 독자를 놀라게 할지도 모른다. 앞으로 인쇄업계의 밝은 미래가 전망된다. 일본의 책 만드는 기술이 유네스코 무형 문화유산으로 인정받게 되는 날도 그리 먼 꿈만은 아니리라 믿는다.

WOOD STOCK

도쿠시마현 미요시시

후지이 요시유키(나타쇼)

나는 다카마쓰에서 완전 예약제 형식으로 서점을 운영하고 있다. 손님이 가게에 오고 싶을 때, 내게 희망하는 날짜와 시간을 전화나 메일로 알려온다. 그러면 나는 그 시간에 맞춰 가게 문을 열고 손님을 맞이한다. 즉 내 서점은 열려 있는 동안 반드시 예약한 누군가가 있다. 서점을 연 지는 이래저래 10년을 넘기고 있는데, 내가 있을 때 손님이 없었던 적은 한 번도 없다. 365일 24시간, 오고 싶을 때 언제든지 이곳에 올 수 있다. 이거야 말로 꿈같은 서점이 아닌가! 하고 생각하기도 했지만 실상은 그렇지도 않다.

지금의 서점을 시작했을 당시, 서점을 운영하면서 먹고 살 수 있을 거라고는 상상도 못했다. 그래서 손님이 없으면 뭔가 다른 일을 해서 생활비를 벌어야겠다고 마음먹었다. 그런 생각에서 비롯된 것이 예약제라고 하는 시스템이다. 어차피 아무도 찾는 사람이 없는데 서점 문을 열고 있다는 것 자체가 별 의미가 없다고 생각했다. 한여름이나 한겨울에 냉난방비를 허투로 쓰는 일도 없을 거고. 그런 점에서 매우 효율적인 서점의 한 방식으로 예약제 가게를 차리게 된 것이다. 책방을 하겠다고 나 자신에게 다짐을 하고 가게를 시작했다. 그럼에도 일부러 영업시간이나 정기휴무일을 적극적으로 만들고 결국 그 시간에 얽매이는 게 너무 싫었다.

그런 내 서점 운영 방식에 공감하는 사람들이 조금씩 늘어난 것인지 최근 몇 년 동안은 책방 개업을 생각하는 사람들이 상담을 해오고 있다. 아무튼 내 책방은 예약하면 심야든 새벽이든 있고 싶을 만큼 있다 갈 수 있다. 서점 개업 상담은 물론이고 인간관계 고민부터 빚 변제 해결 방법까지, 온갖 난문에 대해 정확하게 답변을 해주고 있다. 책을 사지 않더라도 상담료도 받지 않을 뿐더러 책과 상담을 통해 각자의 장래가 자유롭게 뻗어나간다. 그리고 나는 확신했다. 지금 내가 하는 이곳이야말로 '꿈의 서점'이라고!

꿈의 서점 주인인 내 조언을 듣고 같은 시코쿠 지역에서 서점을 개업한 남자가 있다. 바로 어제 드디어 그곳을 찾을 기회가 있었다. 도쿠시마현의 이야祖谷라고 하는 산골마을에 그 서점 'WOOD STOCK'이 자리하고 있다. 이야라는 지역은 지금은 젊은 사람들이 전부 떠나고, WOOD

STOCK은 폐교한 초등학교를 통째로 서점으로 바꾼 것이라고 한다. 지방 활성화인지 뭔지로 시골은 보조금 사업이 넘쳐난다. 나라에서 돈을 받는 건 좋지만 그 쓰임에 대해서는 모르는 각 자치단체. 이런 점을 이용해 문화적인 향기가 풍기는 기획안을 제출하면 서점 개업에 필요한 자금 같은 걸 조달할 수 있다는 비법을 내가 남자에게 전수했다. 이야는 일본의 삼대비경이라고 불리며, 겐페이전쟁•에서 패한 헤이케의 패잔병들이 살던 곳이다. 과연 그런 산골짜기에서 서점을 경영한다는 건 어려울 게 뻔한……이라고 생각하며 차를 타고 달리는 도중, 산길이 좁아지면서 마음까지도 점점 불안해졌다.

길이 막힐까봐 새벽에 다카마쓰에서 출발했는데, 이야에 도착한 것은 정오 전. 시코쿠는 대중교통이 발달하지 않아서 간사이나 도쿄의 서점에 가는 것보다 오히려 멀게 느껴진다. 강을 사이에 두고 있는 몇 채의 고택 저편에 초등학교 건물이 눈에 들어왔다. 저것이 WOOD STOCK인가? 그건 그렇고 건물이 목조가 아니라 철골이잖아! 나의 교시로 문을 연 서점에 발을 디딘다는 감개무량한 기분보다 '책

• 源平合戰. 1180년부터 1185년까지 헤이안 시대 말 일본 전역에서 벌어졌던 내전.

구입은 어떻게 하는 겁니까?' 하고 고민하던 남자가 이렇게 큰 건물에 책을 몇 권이나 들여놓고 서점이라는 이름을 붙였을지 불안이 앞선다.

서점의 주차장은 운동장이었다. 확실히 이 정도의 장소라면 차를 몇 대나 주차할 수 있을 것이다. 뭐, 차가 몇 대나 설 만큼 이런 산속에 손님이 찾아올 거라고는 상상하기 어렵지만. 건물 입구를 향해 걸었다. 그러자 젊은 여성이 안쪽에서 나타나 내게 말을 걸어왔다. "어서오세요. 괜찮으시다면 서점까지 안내해드리겠습니다." 뭐라고라? 서점 일을 도와주는 스태프? 애초에 옆에서 일손을 거들 정도의 일이란 게 있기는 한 걸까? 라고 생각하면서 그녀에게 물었다. "제 제자가 이곳에 서점을 열었다는 소식을 듣고 왔습니다만, 혹시 친구되시나요? 설마 여자친구?" 그녀의 대답에 나는 당황했다. "아, 아니요. 이번 봄부터 WOOD STOCK에서 직원으로 일하고 있는 미요시입니다." 직원? 사람을 고용하고 있단 말인가? 서점을 운영한 지 제법 오래된 나도 엄청난 건 아니어도 인건비를 지불할 정도의 여유는 없다. "미요시 씨, 산골이니까 여우에라도 홀린 것 같은 연출을 하고 싶은 건 알겠지만, 서점에서 사람을 채용하기란 쉬운 게 아니라고요. 괜찮으시다면이고 뭐고 서점에 왔으니 그 서점인지까지 안내해주시죠."

어느새 여우 눈으로 바뀌어 있던 그녀가 체육관 안쪽에 있는 건물로 안내해주었다. 복도를 걷고 있자니 목재가 가득 쌓인 교실이 눈에 들어왔다. "저 나무들은 이곳의 책장을 만들기 위해 보관하는 건가요?" 하고 미요시 씨에게 물었다. "아니요, 책장에는 다른 나무를 사용하고 있습니다. 여기 있는 것들은 해외 수출용입니다. 학교 뒷산에 양질의 비송이 자생하고 있어요. 채색을 하지 않아도 자연의 나뭇결대로 쓸 수 있어서 특히 중동 국가에서 인기가 높습니다. 두바이에 이번 가을에 문을 여는 호텔에도 이 나무들이 사용될 예정입니다." 두바이? 여기 책 파는 곳 아니었나?? 좀 더 안쪽 교실로 접어드는 미요시 씨의 엉덩이에서 꼬리가 나오지는 않는지 확인하면서 따라가고 있는데 방송실을 지나 막다른 곳에 면한 교실 앞에서 그녀의 발이 멈춰 섰다. "사장님, 손님이 오셨어요." 조심조심 안으로 들어가자 분명 그곳에는 내가 알고 있는 남자가 산처럼 쌓인 책을 정리하고 있었다. 제자는 돌아보며 "스승님! 일부러 이곳까지 와주시고! 뭔가 시원한 마실 거리라도 가지고 올게요. 요시미 씨 아이스커피 두 잔 부탁해도 될까?" 하고 옆에 있는 너구리처럼 생긴 남자에게 말을 건넸다. 함께 책 구분을 하고 있던, 배가 볼록하게 나온 요시미인지 하는 남자는 교실을 나가 체육관이 있던 쪽으로 사라졌다. 응? 여기서 일하는 사람이 또 있는 거야?

"그때는 정말 신세 많았습니다. 그때 조언을 듣지 않았더라면 지금도 서점 일을 망설이고 있었을 겁니다." 이미 나는 이 시점에서 궁금한 것이 산더미처럼 있었지만 애써 차분한 척하며 물었다. "직원까지 고용하다니 열심이잖아." 제자가 답한다. "스승의 가르침대로 이 서점은 지역 활성화를 위한 보조금으로 건물의 수리비부터 공과금까지 지자체 보조금으로 충당하고 있어요. 산업지원센터에서 인재육성 지원금, 지역부흥협력대의 제도도 이용해서 겨우 3명입니다만 스태프와 함께 서점을 운영하고 있습니다. 장애인지원제도를 이용하면 후에 2명 정도 더 고용할 수 있다고 해서 신청하려는 참이에요. 이 일이라는 게 일손이 몇이든 항상 부족하잖아요." 서점에 그렇게 일손이 필요한가? 랄까 이건 뭐 보조금 브로커 같잖아!

"책을 인터넷에 올리고 판매하는 일부터 시작하려고 했지만, 목재의 수요가 책과 세트로 따라붙고는 해서요. 요전에는 센다이까지 책과 목재를 함께 옮기고, 서점과 도서관을 현지 건축회사와 만들고 왔습니다. 여기에 있을 때도 일에 완전히 빠져서 밤샘 작업이 잦죠.(쓴웃음) 그러니 지금은 세 사람 다 각자 좋아하는 교실을 방으로 꾸며 여기서 생활하고 있습니다. 그러면 일부러 집을 빌릴 필요가 없으니까요. 간사이에 테마파크를 만드는 일을 수주하게 되면 내년부터는 출장도 늘어날 거고." 테마파크? 테마는 뭐야! 아, 침착하자. 워워, 침착해. "서점을 막 시작했을 때는 어떻게 책을 모았어?" 하고 우선 무난한 질문으로 일보 후퇴한다.

"학교 도서관에 책이 많이 남은 채로 폐교가 되어서 처음에는 그것을 아마존에서 팔았습니다. 제가 초등학교 때는 몰랐지만 학교 도서관이라는 곳에는 고단샤 발행의 『세계과학명작』이나 슈에이샤의 『주니어판 · 세계의 SF』 등이 전권 갖춰져 있더라고요. 그런 수집가들에게 먹힐 만한 책은 진보초에 있는 SF · 미스터리 전문 중고서점에서 한꺼번에 사들였습니다. 그 돈으로 BOSCH의 전기톱과 Makita의 회전톱을 구입했지요."

요시미 씨가 가지고 온 아이스커피를 한 모금 마신 나는 다시 물었다. "그치만 지금이야 보조금을 받아 운영한다지만, 그런 돈은 언제까지나 받을 수 있는 게 아니라고. 그 후에도 여기를 계속해 나갈 방법은 모색하고 있는 거야?" 스스로 지혜를 전수해놓고 멍청한 질문을 하고 말았다. 그러자 잠자코 이야기를 듣던 미요시 씨가 웃는 얼굴로 답한다.

"책이라는 게 원래 종이로 되어 있잖아요. 종이는 나무로 만들어지죠. 이 학교는 나무에 둘러싸여 있습니다. 책이나 나무를 어떻게 돈으로 바꿀 것인가. 매일 일을 하다보면 여러 가지 아이디어가 떠오릅니다. 사실 저는 학교에 가는 걸 무척이나 힘들어하던 아이였습니다. 시간과 지식에 얽매이는 느낌이 들어서요. 하지만 지금은 일을 통해서 학교에서 배우는 즐거움을 되찾는 것 같아요. 생활하기 위해서는 돈 걱정을 하지 않으면 안 된다느니, 선생님은 가르쳐주지 않잖아요. 그런 당연한 것을 매일 배울 수 있는 이 서점은 제게 첫 학교나 다름없습니다."

WOOD STOCK 뒤편에 펼쳐진 산을 넷이서 걸었다. 자세히 보니 나무 한 그루 한 그루마다 책 제목 같은 것이 새겨진 이름표가 붙어 있다. "이건 무슨 뜻이야?" 하고 요시미 씨에게 물었다. "나무라는 게 차분히 관찰하면 저마다 표정이 모두 다릅니다. 이 나무는 과연 어떤 책으로 다시 태어날까 하고 상상하며 이름표를 붙이는 것도 이곳에서 하는 일입니다. 이 칠엽수는 며칠 전까지 『동종포식—마지막 금기Cannibalism-The Last Taboo』였는데, 나무의 표정이 시간이 지나면서 바뀌었습니다. 바로 요 며칠 전에 비가 내려 잎에 윤기를 되찾은 덕에 지금은 이름표도 『나는 말랄라』로 바꿨습니다.(웃음)"

"여기에서 자라는 나무도 어딘가로 옮겨지나?"

"네. 실제로 책으로 바뀐 나무도 많이 있고요. 예를 들면 이 자작나무는 성육도 나쁘고 영양상태도 나빠서 인쇄용으로 일단 보낼 예정입니다. 소프트뱅크신서 같은 데서 다시 태어나 기운을 차리기를 바라면서요. 후지이 씨도 마음에 드는 나무에 이름표를 달아보시겠어요?"

『황당한 책 이 베스트셀러는 말도 안 돼!!』라는 이름표가 붙은 나무 앞에서 나는 발걸음을 멈추었다. 보면 볼수록 확실히 말도 안 되게 눈에 띄지 않는 나무다. 하지만 앞으로 많은 사람들이 찾는 책이 될 나무일지도 모른다. 지금은 나만 이렇게 바라보고 있지만. 이 나무에 달린 이름표를 떼고 중쇄 소망을 담아 『꿈의 서점 가이드』라고 짙게 새긴 판으로 바꿔 걸었다.

'WOOD STOCK' 인기 도서 베스트 3

❶ 도러시 매클레인, 『나무들은 이렇게 말한다樹木たちはこう語る』, 야마가와 고야·야마가와 아키코 옮김, 일본교분사
❷ 클레이턴 베스, 『커다란 나무 아래서大きな木の下で』, 이누카이 치즈미 옮김, 누푼아동도서출판
❸ 글 이마에 요시토모·그림 초 신타, 『산 너머는 푸른 바다였다』

쇼안 미치구사

書庵 道草

구마모토현 구마모토시

적독서점원 fiblio(구마모토현 내 서점)

2016년 4월에 발생한 지진으로 큰 피해를 입은 구마모토. 거리 중심부에 위치해 정신적 지주로서 존재하는 구마모토성 역시 그 피해를 가늠하기 힘들었다. 재건에 필요한 기간은 20년은 족히 걸린다는 보도도 있었다. 이전과 같은 성의 웅장한 모습을 다시금 만날 수 있는 것은 아주 먼 훗날이 되겠지. 그런 불안을 구마모토 현민, 그리고 구마모토성을 사랑하는 사람들은 마음 한구석에 계속 안고 있으리라.

그런 상황에도 불구하고 구마모토성 근처에서 영업을 시작한 서점이 있다는 소식을 친구에게 전해들은 나는 바로 그날 서점 주인 니시야마 시오리 씨에게 인터뷰를 하고 싶다고 연락을 취했다.

이야기를 나누게 된 것은 10월 초순. 공예관과 미술관이 늘어선 일대를 성이 내려다보고 있다. 예술의 공기가 감도는 구마모토시 주오구 지바조마치에 그 서점이 자리하고 있었다. 그녀가 붙인 이름은 '쇼안 미치구사'. 암자의 이미지 하나하나를 그대로 살린, 존재감 있는 초가지붕을 씌운 옛날 집이 시야에 들어왔다.

니시야마 씨에게 가게 명의 유래에 대해 묻자, "본래의 목적지에서 벗어나 '샛길로 빠지는' 그러니까, 상상도 못한 책과 사람과의 만남을 제공하는 서점이고 싶다"는 소망을 담았다고 한다. "신경 쓰였던 소설이나 만화 외 다른 작품도 집어들고 마는 '딴짓'의 마법을 외쳤으면 하는 반장난스런 마음입니다."

체인점에서 근무했다는 그녀가 자신의 가게를 열기로 결심한 계기는 한 서점의 폐업 때문이었다.

"처음 지진이 일어난 뒤 우리 집은 다행히도 무사했습니다. 하지만 집 두 채 정도 떨어져 있던 곳에 자리한 신간 서점은 4월 16일 본진의 직격탄을 맞고 무너지고 말았죠. 영업이 어려워지자 울면서 가게를 접어야 했어요. 안면 있는 서점장 도카치 씨를 근처에서 마주치면 늘 의기소침해 보였어요. 제게 매일 책 읽는 일은 숨을 쉬는 것처럼 당연한 일과입니다. 생활의 거점 가까이에 있어서 퇴근길에 무의식중에 들르던 서점이 사라졌다는 사실에 망연했습니다. 그래서 구마모토에 사는 사람들이 마음을 의지할 수 있는 가게를 만들고 싶다고 강하게 생각했습니다. 그것도 제가 사랑해마지 않는 구마모토성과 인접한 장소에서."

현재 그녀가 가장 역점을 두고 있는 기획에 대해 묻자 복구 작업이 한창인 구마모토성 돌담에 책을 '삽입'하는 프로젝트라고 대답했다. 목하 이루어지고 있는 구마모토성 재건 공사와 병행하는 형태로 행정이나 구마모토성을 지지하는 민간단체와 연계하고 있다고 한다. 기획의 착상은 지진으로 붕괴한 돌담 속에서 '관음보살'과 '사람의 형상'이 새겨진 돌이 발견된 것에서 비롯되었다고.

"역사에 대해 잘 아는 학예사에게 물어봤더니 가토 세이쇼코•, 또는 당시 장인이나 석공들이 축대 공사의 안전과 무사를 기원하는 고사를 하기 위해 돌담에 넣은 게 아니겠느냐는 말을 했어요." 거기서 착안해 무너진 돌담을 복구할 때 책도 함께 쌓자고 제안했다는 것이다. 앞서 말한 책방의 도카치 씨의 아내가 구마모토성을 관할하는 경제관광국에서 근무하고 있어서 니시야마 씨의 생각에 공감하고 힘을 보태주었다고 한다.

"복원공사를 무사히 끝낼 수 있기를 기원하는 것은 물론이고, 구마모토성과 더불어 사는 시민들이 앞으로 더욱 안전할 수 있기를 바라는 프로젝트입니다. 과거부터 오늘에

• 加藤清正公, 현 구마모토현의 초대 영주.

이르는 자연재해 기록을 담은 서적을 포함시킴으로써 재앙을 '봉인'하는 것이지요. 예를 들면 『천재지변으로 다시 읽는 일본사, 선인에게 배우는 방재』나 『지금이야말로 알아두고 싶은 '재해의 일본사'』 『대지진의 기록과 문학』 같은 수작입니다. 그 외에 구마모토와 구마모토성 관련 서적도 포함하고 있습니다."

나는 그 후 가게에서 도로 하나를 사이에 두고 솟아 있는 구마모토성 구내로 안내되었다. 도중에 돌담의 일부가 아직 무너지고 있어서 복구를 기다리는 곳도 다수 볼 수 있었다. 우토야구라• 근처에 도착해 책이 실제로 어떤 방법으로 돌담 속에 수납되는지 설명을 들었다.

니시야마 씨의 말에 따라 어떤 장착물을 착용했다. 그러자 수영 고글을 쓴 것처럼 시야가 트이는 가운데, 주위보다 한층 눈부시게 반짝이는 돌이 보였다. 돌에 가까이 다가가자 책 모양을 한 거대한 물체가 나타난다. 그 장치에 깜짝 놀랐다. 눈앞에 선명하게 펼쳐진 장면을 연출한 것의 정체는 VR(가상현실) 고글이었던 것이다. 내 눈앞에는 『코믹 구마몬 매일이 보물 편』이 길이 3미터, 폭 2미터 정도, 종이 간행물 크기와 비교하면 대략 20배쯤 차이나는 책이 입체

• 宇土櫓, 구마모토성에서 가장 오래된 망루.

적으로 나타났다. 고글 너머로 책장을 넘기는 동작을 하면 거대한 VR 속 물체가 넘어간다.

"각처에 내장할 책의 총 수는 366권을 예상하고 있습니다. 본성 주변부터, 이다마루, 니시데마루, 그리고 겐모쓰다이, 학켄 돌담에 이르기까지 모든 장소에 책을 '심음'으로써 성 전체를 에워쌀 계획을 세웠어요. 물론 저희 가게에서도 관련 서적을 판매하고 있습니다만, 기억을 풍화시키지 않기 위해서는 지진의 흔적이 남아 있는 바로 그 장소에서 읽는 내용을 뇌리에 각인시키고 체감하게 하는 것이 가장 효과적이라고 생각했습니다. 이 프로젝트를 실현하기 위해서 후쿠오카의 IT 관련 회사 담당자분이 함께 수고해주셨습니다. 겨우 궤도에 오른 건 지난주로, 공사의 진척은 예정 부분의 2퍼센트 정도입니다. 축벽의 재건도 이제 막 시작했어요."

그동안 구마모토성은 몇 번이나 재해와 전쟁을 겪어왔지만 그럼에도 불사조처럼 다시금 살아났다. "만약 훗날 또다시 재해가 일어난다고 해도 돌담 속에 묻혀 있던 책이 사람들에게 희망의 빛이 되어줄지도 모른다고 생각해 소원이 담긴 『이치리섬 기담』과 『한 권의 책을 당신에게 3.11 그림책 프로젝트 이와테 이야기』라는 책도 포함했습니다" 하고 니시야마 씨가 힘줘 말했다. 그녀가 고른 책뿐만 아니라,

공모에 추천된 책도 축벽 재건 사업에 '심을' 예정이라고 한다.

니시야마 씨에게는 힘을 쏟고 있는 기획이 하나 더 있었다. 그것은 구마모토 지진으로 피해를 본 지역민들로부터 무사한 책, 즉 '생존'한 책을 기증받아 필요한 사람들에게 판매하는 것이다. "소중한 책과 책장은 물론이고, 집까지 잃고 만 사람들도 적지 않아요. 한편, 간신히 남은 책을 들고 오는 사람들이 늘고 있다는 얘기를 고서점 운영자분께 전해들었습니다. 거기에서 착안한 것인데 눈물을 머금고 책을 처분하는 것이 아니라, 즐겨줄 사람에게 작품을 연결하기 위해 '마음의 바톤 릴레이'를 해보면 어떨까 하고 생각하게 된 것이죠." 이렇게 시작된 '연결하는 원 구마모토 프로젝트'는 바톤을 전달하는 사람들이 둥근 원(테두리)으로 이어지기를 바라는 마음에서 이름 붙이게 되었다고 한다.

"그 주역의 한편은 구마모토성의 '생존'이라고 할 수 있는 기와입니다. 시와 협력해서 그 일부를 북스탠드로 가공해서 생존 동기라고 할 수 있는 책과 세트로 묶어 성 후원에 있는 관광안내소에서 판매하고 있어요. 운이 좋다는 의미를 담고 있어서 책을 사는 분들도 기쁜 얼굴을 합니다.(웃음) 이들의 수익은 모두 '구마모토성 재해복구 지원금'에 기부됩니다. 성의 재건에 조금이나마 도움이 되길 바라니까요."

니시야마 씨가 놀란 것은, 프로젝트에 대한 뉴스를 본 것인지 구마모토 외지 사람들이 보내온 '바톤'이었다고 한다.

"전국에서 문의가 왔어요. 특히 인상적인 것은 똑같이 지진을 겪은 지역 사람들의 든든한 후원입니다. 이와테현 오후나토시에 사는 60대 여성은 뜨거운 마음으로 써내려간 10장 정도의 편지와 함께 『3.11 통곡의 기록 71명이 체감한 쓰나미 · 원전 · 거대지진』을 보내왔습니다. 또 한신 · 아와지 대지진을 경험한 고베시의 친구로부터, 어렸을 때지만 당시 피난소에 온 구호물자 중 그림책이 있었던 것을 기억하고 있다고 연락이 왔습니다. 며칠 후 『해님 하하하』와 『잊을 수 없는 선물』 등을 보내주었습니다."

"마침 얼마 전, 마시키마치의 여자 중학생 5명이 구마모토성을 보고 돌아가는 길에 책방에 들렀습니다. 『시바타 베이커리』와 『할머니 같은 소녀 히나타짱』을 보면서 서로 이야기를 나누었지요. 그 책을 보내준 것은 '연결하는 원'의 활동을 응원해주고 있는 니가타현 나가오카시의 서점 동료 후지사키 씨입니다. 그가 혼신을 담아 만든 추천 POP는 스마트폰을 가까이 가져가면 책 소개 동영상이 재생됩니다. 소녀들은 지나치게 뜨거운 열정을 뿜어내는 그를 보고 엄청 웃었습니다.(웃음) 슈퍼에 놓인 채소의 생산자 표시처럼 책을 전달하기 전에 주자를 실제로 보면 좋겠다 싶어서 후지사키 씨에게 부탁한 것이었죠"라며 니시야마 씨는 그런 '바톤'들을 보여주었다. 재건과 희망을 향한 구마모토와 함께하는 이 같은 기획은 그동안 자신을 키워낸 땅이나 성에 대한 그녀 나름의 애정과 감사의 표시 같다.

부흥으로 가는 길을 함께 걷는 것은 구마모토뿐 아니라 일본 전국의 '서점'이다. 비록 돌부리에 걸려 비틀거리더라도 2인3각으로 열심히 뛰는 성과 서점이 움켜쥔 바톤은 재해를 기억하고 극복하려는 각지에서 보내온 마음으로 가득 차 있다. 지진 후에 태어난 아기들이 구마모토라는 땅에서 성인이 될 무렵, 그녀와 그들 눈앞에 나타나는 것은 '책(本)'이 무수히 꽂히고 빛나는 '책의 성'이 되어 부활을 이룬 '구마모토성(熊本城)'의 웅장한 모습일 게 틀림없다.•

• 일본어로 책은 '本'이라 쓰고 '혼'이라고 읽는다. 한편 근본, 기본을 의미할 때 역시 같은 한자를 쓰지만, 발음은 '모토'라고 읽는다. 여기서는 같은 한자의 다른 발음과 뜻을 활용한 것이다.

'쇼안 미치구사' 인기 도서 베스트 3

❶ 『구마모토 문학 백경くまもと文学百景』, 히라야마 겐지로 편저, 구마모토니치니치신문사

❷ 와타나베 교지, 『궁금한 사람気になる人』, 쇼분샤

❸ 와카마쓰 에이스케, 『슬픔의 비의悲しみの秘義』, 나나로쿠샤

훗코샤
北光社

니가타현 니가타시

사토 유이치(기타 서점)

다녀왔습니다, '홋코샤'에. 그 구舊관의 천장, 3층까지 트긴 정말 잘했어요. 보기에도 멋있고 돌아다니면서 구경하기에도 좋다고 생각합니다. 게다가 에스컬레이터까지 만들었더군요. 3층부터 그 위는 앞으로 어떻게 변할까요. 하지만 지금의 공간만 있어도 이벤트든 뭐든 상당히 쓸 만해 보입니다. 왠지 카페도 준비 중인 듯한 문구가 쓰여 있었는데, 어떻게 될까요. 그 주변에 커피를 마실 장소는 얼마든지 있으니까요. 한 가지 주인장에게 건의하고 싶은 것은 옥상이 좁지만 분위기가 좋으니까 비어가든 같은 것을 해보는 건 어떨까 하는…… 겨울에는 포장마차도 좋고요. 술에 취해서 아래로 내려오면 서점에서 돈을 왕창 쓰게 하는 거죠. 뭐 어쨌든, 세세한 것은 차근차근 준비해나가면 되겠지요. 몇 년 전 식품관으로 문을 연 적이 있습니다만, 그곳에서 장사를 한다면 아무래도 서점이 제일이지 않을까 생각했습니다. 제가 있었을 무렵에는 2층까지만 사용을 했는데 3층도 매장으로 바뀌어서 신선했습니다. 혼코샤를 딱 보면 굉장히 크다는 이미지가 있잖아요. 하지만 예전에는 앞 건물뿐이었어요. 대각선 뒤편의 토지를 사들여 4층짜리 건물을 지은 것은 훨씬 뒤의 일이에요. 위에서 보면 알기 쉽지만 두 채의 건물 기둥과 기둥을 붙여서 하나의 건물로 만든 것이죠. 그래서 밖에서 보고 내부를 상상하며 들어가면 한 층의 넓이가 그리 넓지 않다는 걸 알 수 있죠. 신관, 구관 합쳐서 총 일곱 층으로 구성되어 있습니다.

그나저나 비뚤어진 구조가 될 걸 알면서도 왜 이렇게 큰 건물을 지었는가 하면, 그 계기는 40년 전 기노쿠니야 서점이 니가타시에 진출한 것이라고 할 수 있겠네요. 정확히는 1975년, 당시로서는 파격적인 300평 규모의 서점이었어요. 100평 정도의 혼코샤가 최대 규모였던 당시의 니가타 서점업계로서는 대형 사건이라고 할 만했습니다. 서점 주인들을 대상으로 설명회도 있었던 모양으로, 조합 회보에 대책을 강구하는 좌담회가 게재된 것을 읽은 적이 있어요. 뭔가 자신들의 터전이 송두리째 빼앗기는 듯한 이미지였던 게 아닐까요. 그때 지역 업체들이 세를 축소했는가 하면, 혼코샤 사장은 그렇지 않았다고 할 수 있겠네요. "그렇다면 가게를 더 확장하겠어!" 하고 박력 있게 결심을 했는

北光社
北光社
HOKKOSHA
ふるまちモ
北光社

지는 모르겠지만, 어쨌든 통쾌하지 않나요. 그리고는 단숨에 매장을 3배로 늘리고 흑선•을 요격한 거지요.

흑선이라고 하면, 홋코샤 창업이 에도 시대라는 걸 빼놓을 수 없지요. 아시잖아요. 폐점할 때 '190년 역사의 막'이라고 걸려 있었잖아요. 이곳의 마지막 사장은 6대째였습니다. 기노쿠니야에 대항한 것은 그의 아버지로 5대째 사장이었지요. 우리는 회장님이라고 불렀지만 목청이 좋고 건강한 할아버지였습니다. 4대째 회장의 숙부이기도 한 분으로, 기업정비령을 내려 지점을 닫거나 신흥 서점이 우후죽순 생겨 시장이 망가지거나, 전쟁 중 혹은 전후의 혼란은 상당히 힘들었던 것 같지만 자료가 없어서 자세한 것은 알 수가 없네요. 니가타에 큰불이 나서 홋코샤도 깨끗하게 전소한 적도 있었다고 합니다. 하지만 장사가 잘되던 시대이기도 해서 사실 4대째 무렵이 가장 안정기였던 것 같습니다.

왠지 아까부터 저만 얘기하고 있는 것 같은데 괜찮나요? 신경쓰지 않고 계속 떠들자면, 특필을 해야 하는 건 사실 3대째입니다. 이런 말 함부로 하면 혼이 날지도 모르지

• 黑線, 유럽에서 만들어진 대양 항해용 대형함으로 에도 시대 말기에 외국 함선을 일컫던 말.

만, 어쨌든 서점의 눈높이로 말하자면 그렇다는 거지요. 홋코샤는 쭉 이 오래된 거리에서 장사를 해왔다는 이미지가 강하지만, 좀더 현 북쪽의 스이바라水原가 그 발상지입니다. 막부 직할 영지에서 현의 행정 중심지는 스이바라였지요. 따라서 초대 사장이 처음 장사를 시작한 것이 1820년, 창업 당시 상호명은 '베니야준신도紅屋潤身堂'로, 여기서 '베니'는 화장품을 의미했지요. 책은 곁들여 파는 상품이었어요. 메이지 시대의 이야기니까 장사의 중심은 화장품이었던게 아닐까요. 흑선 이야기는 뭐, 그만큼 아주 옛날이라는 의미인데, 매슈 페리•가 들어온 것은 2대째가 경영을 맡았을 무렵입니다. 가게의 상품을 들여오기 위해 열흘이나 교토에 다녀온다든지, 그곳에서 하마구리고몬의 변••을 맞닥뜨린다든지 하는 시대에 서점을 경영한다는 것은 어떤 것이었을까요. 메이지 시대에 접어들자, 세상물정에 밝았던 2대째는 스이바라의 촌장이 됩니다. 하지만 겸업은 당연히 어려웠고, 베니야는 순식간에 그 기세가 기울게 되었죠.

그리고 이쯤에서 3대째에 대해 얘기하자면, 그는 입양

• Matthew Calbraith Perry, 1794~1858. 미국의 군인. 일본의 개항을 요구해 미일화친조약에 조인하고 개항을 약속하게 했다.

•• 蛤御門の変. 1864년 교토에서 일어난 무력 충돌 사건.

된 자식이었습니다. 야마오카 뎃슈라는 인물 있지 않습니까. 에도 막부 말기 삼주三舟 중 한 사람으로, 검술의 달인이었죠. 뎃슈는 2대째와 교유했던 것으로 알려져 있는데, 신변의 위험을 느꼈을 때조차도 의지했다고 합니다. 그때 뎃슈가 신세를 진 집의 차남이 훗날 3대째가 되지요. 상속을 받던 때가 그의 나이 열일곱 살이었던 것 같은데, 기운 가세를 어떻게 일으켜 세운 걸까요. 몇 년은 스이바라에서 온 힘을 다해 버티며 그 지역 와리노무라割野村로 옮겼지만, 그곳에서 8년 동안 장사를 계속해 1898년에는 니가타시로 진출하게 되었지요. 알아보니 1898년은 항구도시였던 니가타가 시로 승격한 지 9주년이 되는 해로 타이밍도 딱 맞아떨어졌지요. 제 멋대로의 상상입니다만, 스이바라에서 철수한 후 8년이라는 시간은 니가타시로 진출하기 위한 발판을 다진 게 아닐까 합니다. 그때부터 '홋코샤'라는 간판을 내걸고 장사를 계속해나갔습니다. 그 수년간은 특히 흥미로운데요, 누군가 소설 소재로 삼아도 좋을 정도입니다. 얼마나 고생스러웠는지 3대째는 과로로 몸을 망치고 1913년에 돌연 생을 마감하고 맙니다. 하지만 그렇게 힘겹게 버텨온 토대가 있었기에 앞서 말한 4대째가 홋코샤의 번성을 이어갈 수 있었지요.

홋코샤라는 상호는 '북쪽 나라에 문화의 빛을 비추다'라는 의미입니다.

폐점 때 여기저기에 인용되었지요. 그 후에도 일시적으로 임차인이 들어오는 등 단발성 이벤트로 그 장소를 사용하기도 했는데, 그때마다 '홋코샤의 빛이 돌아왔다'라고 써 붙이곤 했지요. 분명 사용하고 싶어지는 문구이기는 합니다. 하지만 그것은 단순히 반짝 불이 들어오는 것에 불과한…… 아니, 다른 말은 하지 않겠습니다.(웃음) 다만 그 '빛'이 이어지는 가감을 거슬러 올라가보면, 조금쯤 그렇게 생각하는 것은 이해해주었으면 한달까요.

6대째로 190년을 맞이했다고 하면 굉장히 유구한 역사지만, 각각의 시대는 대개 20~40년 정도입니다. 그것은 상상 가능한 세월이지요. 그때그때의 사장도 종업원도 아마 '문화의 빛'이 어떻다느니는 일절 생각하지 않았을 겁니다. 왜냐하면 저도 그랬으니까요. 처음 아르바이트로 일을 시작한 것이 1996년으로, 그 시점에 이미 신관 2층부터 그 위는 다른 세입자가 들어와 있었습니다. 그렇다는 것은 증축한 지 겨우 20년 정도 지났을 때라는 얘기가 되지요. 수지가 안 맞서 힘들었던 거라고 상상할 수 있을 겁니다. 그때부터 폐점에 이른 14년은 정말 순식간이었지요. 특히 점장으로 일한 7년 동안은 '돈이 없어, 돈이 없어'라는 말을 입에 달고 살았네요.(웃음) 하지만 이것은 전혀 부정적인 얘기가 아니고 그렇게 위에서 아래로 야단법석을 떠는 와중에도 좋은 선반을 만들자, 매출을 늘리자 하는 마음 자체는 시든 적이 없었습니다. 그 시절의 이야기요? 그러니까 '돈이 없었다'고 했잖아요.(웃음)

하지만 지금 말한 것처럼 훗코샤는 일반적으로 어디에나 있는 서점이었습니다. 그럼 어디가 좋았느냐고 묻는다면 입지밖에는 떠오르는 게 없네요.(웃음) 역 앞에서 큰 길과 상점가가 교차하는 길목, 사람들의 발길이 끊이지 않고, 뭔가 부담 없이 들를 수 있는 곳에 위치했으니까요. 무의식적으로 들어가게 되는 곳이랄까. 이런 점은 굉장히 막연하지만 또 대단히 중요하다고 할 수 있죠. 무의식의 장소라는 건 지나가는 길, 독서가, 이웃 주민, 여행자, 그리고 만남의 장소 등 전방위로 열린 공간을 의미하니까요. 그렇지만 반대로 혼자가 되기에 최적의 장소이기도 했어요. 정말 유동적인 공간인데 책은 계속 그곳에서 독자를 기다리지요. 그런 언밸런스한 느낌이 좋았습니다. 물론 오른쪽에서 왼쪽으로 판매하는 상품이 중심이기는 해도, 가만히 보면 누가 읽을까 싶은 책이 천연덕스럽게 책장에 꽂혀 있기도 했지요. '아니 이건 자네를 위해서'라는 식이죠.

그런데 이 이야기, 단순한 향수가 아니게 되었어요. 실제로 부활해버렸으니까요. 7년 전인 2010년에 폐점할 때는

10년 후에 모르는 척하고 여기서 서점을 하면 재미있겠다, 라는 생각을 하긴 했지만, 진짜로 열 줄이야. 그것을 제가 하지 못한 건 아쉽지만, 뭐, 그런 건 아무래도 좋습니다. 조금 있으면 창업 200년이 되니까 잠시 쉬어 간다고 생각하면 되는 거니까요. 실제로 다시 문을 연 서점을 보고는 좀 감동했습니다. 상호명은 오너가 바라던 바가 아니라면 좀 가여운 일이지만 이만한 게 없지 않을까 싶기도 하고요. 서점에 가는 게 아니더라도 택시를 타고 이 거리에 올 때면 저도 모르게 "훗코샤요" 하고 말해버리니까요. 그러니 다른 상호를 붙여도 결국엔 훗코샤라고 불릴 게 뻔해요. 저는 어제 막 다녀왔는데 개점 축하 인사로 상당히 붐비는 모양이었습니다. 그런 건 좀 익숙하지 않아서 서점 안을 휙 둘러보고 서둘러 돌아왔지만요. 아직 조금 무의식이 될 수 없는 느낌이었네요.(웃음) 그런데 일방적으로 떠들어놓고 말하기는 뭣하지만 오늘은 이만 시간이 없으니까 다음에 봅시다. 다음에는 술이나 한잔해요. 훗코샤에서 만나는 걸로.

혼야무라

本屋村

도쿄도 주오구

가스가와 유키(이카문고)

2020년, 도쿄에서 개최된 국제적인 스포츠 축제. 그 선수촌 안에 있던 서점에 대해 여러분은 알고 계신가요? 그 이름도 '혼야무라(책방 마을)'. 완전 기간한정 서점이었다.

혼야무라의 점주는 야쓰이 히토미 씨.

도쿄에서 10년 정도 서점에서 일한 뒤 부모님의 강한 권유에 응해 가업인 스포츠점 '야스이 스포츠', 통칭 '야스포'를 도우러 고향 니가타로 돌아온 여성이다. 지금으로부터 5년 전인 2017년의 일이다.

하지만 역시 서점 일에 대한 열정을 포기할 수 없어서 갈등을 반복하다 최종적으로 부모님을 설득해 가업을 제대로 이어가는 것을 전제로 서점 일도 겸업할 수 있게 되었지만, 그 일을 어떻게 실현시켰다는 걸까?

그녀는 스포츠점 안에 '야스포문고'라는 이름의 서점을 만들어버렸다.

우선 높이 90센티미터 정도의 이동식 책장 2개를 3세트 준비해 그 양면을 사용할 수 있도록 등을 맞대 가게 한복판에 ㄷ자형으로 설치했다. 바깥쪽 책장은 벽면에 있는 종목별 코너에 맞춰 구성했다. 가령 야구 코너를 향한 책장에는 야구에 얽힌 책을, 수영 코너를 향한 책장에는 수영에 관한 책…… 이러한 방식이다. 한편 안쪽을 향한 책장에는 스포츠에 필요한 '신체'에 대한 책과 요즘 인기 있는 책, 함께 쇼핑을 하러 온 꼬마가 읽을 만한 그림책도 갖추었다. 책장에 꽂혀 있는 책에는 전부 히토미 씨가 직접 쓴 POP가 붙어 있어서 무심코 들어보고 싶어지는 매력을 자아낸다.

ㄷ자형 책장 안쪽에는 심지어 탁구대와 벤치를 설치. 신발을 벗고 올라갈 수 있는 매트리스(학교에서 사용하고 있을 법한 스포츠용)도 놓여 있어서 거기에 누워서 책을 읽을 수도 있다. 이른바 손님이 쇼핑하러 와서 쉬다 가는 것도 가능한 야스포의 휴식 공간이 되어주고 있다. 또 이들 집기는 모두 판매하는 것으로 사고 싶다면 언제든지 살 수도 있다고 한다.

이 야스포문고에서 가장 인기 있는 것이 스포츠 선수들과 관계 있는 책을 특별히 모아놓은 '파워를 얻는 책장'이다.

야구선수 마쓰이 히데키가 애독한다는 미야모토 무사

시•의 『오륜서』••와 독서가로도 유명한 육상선수 다메스에다이가 소개한 가지마 쇼조의 『다오』. 골프선수 이시카와 료가 아버지의 추천으로 읽었다는 『들국화 무덤』과 전 일본 축구 국가대표 오카다 감독이 좋아한다는 이노우에 야스시의 시집 등도 꽂혀 있다.

이 책장에서 가장 인기 있는 책은 『마음을 가다듬다』. 시라스 지로와 마쓰시타 고노스케의 책에 자극을 받았다는, 축구선수 하세베 마코토의 저서다. 평소 책을 읽지 않는 야스포의 사장님(히토미 씨의 아버지)이 드물게 "이거 좋은 책이야" 하고 히토미 씨에게 권했다고 하는데, "이것은 절대 팔지 않으면 안 돼!" 하고 생각했다고. (그녀가 강하게 부탁해서 받은 사장님의 친필 POP가 아주 멋지지만 기왕이면 실물을 봐줬으면 하는 마음으로 여기에는 싣지 않겠다.)

매일 연습에 몰두하고 있는 스포츠 소년 소녀들이 동경하는 선수가 읽고 있다는 이유로 책을 접하게 되고, 거기에서 또다른 책으로 호기심을 넓혀간다……. 히토미 씨는 그런 점이 "너무 좋아 참을 수 없어"라고 말한다. "스포츠로 '신체'를 단련하는 것도 중요하지만 책으로 '두뇌'도 단련

• 宮本武蔵. 에도 시대 검술가로 검성으로 추앙받는 국민적 영웅.
•• 미야모토 무사시가 쓴 병법서로 검술의 오의를 정리했다.

하면 최강이 될 수 있잖아요!" 여담이지만 히토미 씨는 그런 문무양도의 남성이 이상형이라고 한다.

히토미 씨가 니가타에서 예전부터 내다보고 있던 것, 그것이 국제적인 스포츠 축제였다.

모처럼 일본에서 개최되는 이번 기회를 스포츠 상점의 딸이자 서점 운영자인 자신이 간과할 수 없다고 생각한 히토미 씨는 큰 결심을 하고 행동에 나선다. 그것은 도쿄에서 서점 직원이 되기 전에 일했던 대기업 스포츠 브랜드에 뜨겁고 강한 마음—국제적인 스포츠 축제의 '선수촌'에 서점을 개점하고 싶다는 바람—을 다이렉트로 담판 짓는 것이었다.

그 결과 업체에서 자신들의 부스 한 부분을 '서점' 공간으로 빌려주겠다는 답을 얻었다.

그 서점에는 히토미 씨가 전부터 생각했던, 이런 이름을 붙였다. '혼야무라'.

일견 소박하다고 생각될지도 모르는 이 상호에는 깊은 의미가 담겨 있는데, 그 설명은 조금 후에 자세히 이야기하겠다.

혼야무라는 선수촌 입구에 인접한 건물 1층 좌측 모퉁이에 문을 열었다. 선수들은 물론이고, 누구나 일단 보안검색

을 받아야 하지만 일반인들도 이용할 수 있는 서점이었다.

히토미 씨는 우선 스포츠에 관한 책을 구입해 진열했다. 더불어 "그 뿐이라면 특징이 없다고 생각해서……"라는 이유로 세계 각지에서 모인 선수들에게 즐거움을 주기 위해 외국인을 대상으로 쓰인 일본 문화를 가르쳐주는 책을 비롯하여 『도라에몽』과 『슬램덩크』 같은 만화의 영문판도 준비했다. 가장 인기가 있었던 것은 스시 사진집이었다. 아름다운 스시를 본 외국 선수들은 "시합 때와는 정반대로 편안한 얼굴이 된다고요~" 하고 히토미 씨도 멋진 표정으로 이야기했다.

그리고 의외로 많은 선수들이 손에 쥐었던 것이 동물 사진집이었다는 점도 흥미롭다.

"수영선수가 돌고래 사진집을 살펴보거나 육상선수가 치타의 뛰는 모습에 완전히 매료된 얼굴을 하곤 했어요. 아마도 이미지 트레이닝이 되는 것 같아요."

물론 일본 선수들이 즐길 만한 것들도 궁리했다.

일반 손님들로부터 선수들에게 보내고 싶은 '응원 책'을 모집하고, 그것을 응원 메시지와 함께 판매한다는 기획도 했다. 여기에 특정 선수에게 실제로 책을 전하고 싶을 때는 책값+수수료를 받고 선수에게 전달하는 서비스도 시행했다.

이 '응원 책'을 받은 선수 중 한 사람인 수영선수 스기야마 겐이치는 남자 100미터 자유형 대회에서 동메달을 획득했다.

책을 전달한 사람은 스기야마 선수를 동경해 수영 연습에 매진 중인 중학생으로 현재 나라현에 살고 있는 이토 다이가 군이다. 미우라 시온의 소설 『바람이 강하게 불고 있다』를 골라 "주인공 가케루가 아름답게 달리는 모습을 상상하면, 경기는 다르지만 스기야마 선수의 멋진 폼이 떠올랐어요. 금메달을 목표로 힘내세요!"라는 메시지를 덧붙였다.

그러나 안타깝게도 결과는 동메달. 대회 전부터 금메달이 틀림없다는 큰 기대를 모은 스기야마 선수는 주위에서도 말을 걸지 못할 정도로 낙담하고 말았다. 다이가 군도 그런 스기야마 선수의 상태를 알고 메시지에 쓴 마지막 문장을 후회했다고 한다.

그로부터 6개월. 대회 폐막과 함께 혼야무라도 문을 닫고 일상으로 돌아온 야스포에 소포 하나가 도착했다. 발신인은 무려 그 스기야마 선수. 안에는 도쿄 대회에서 사용한 고글과 한 통의 편지가 들어 있었다.

"마지막 터치를 하고 3위라는 걸 안 순간, 스스로가 이제 끝났다고 생각했습니다. 지금까지의 인생 전부를 건 이 날, 결과를 내지 못하다니 얼마나 못난 인간이란 말인가, 하고 말이죠. 그렇게 한동안 낙심하다 겨우 선물 받은 책을 읽기 시작했는데 깜짝 놀랐습니다. 단순하지만 스포츠라는 것이, 책이라는 것이, 얼마나 멋진지 깨달았다고 할까요. 지금은 제 폼을 보다 아름답고 빠르게 하기 위해 이제까지 해온 것 이상으로 연습을 하고 있습니다. 이런 마음을 먹게 한 것도 다이가 군 덕분입니다. 정말로, 정말로 고마워요. 다음에는 꼭, 금메달 딸게요!"

편지를 읽고 다이가 군은 말할 것 없이 히토미 씨도 대감격.

"이런 형태로 한 사람에게서 다른 한 사람에게로 책이 전해지는 것과 동시에 거기에서 새로운 것이 탄생하는 순간을 맞이하는 게 서점을 하면서 가장 기쁩니다! 게다가 실은 이 책, 제가 야스포로 돌아가자고 마음먹게 된 계기가 된 책이란 말이에요, 그니까—!"

그녀는 촉촉이 젖은 눈으로 만면에 웃음을 띤 채 그렇게 말했다.

마지막은 히토미 씨가 그리는 앞으로의 꿈 이야기로 마무리할까 한다.

"서점은 누구라도 할 수 있다고 생각합니다. 그도 그럴게 책이라는 게 이 세상에 있는 모든 것과 연결되기 때문이지요. 의식주는 물론, 음악, 영화, 과학, 사상, 예술, 여행, 그리고 스포츠까지. 그러니까 다양한 가게를 운영하는 사람들이 그들 나름의 책을 다루면 진정한 의미의 '혼야무라', 즉 책방 마을이 만들어질 수 있다고, 그렇게 된다면 좋겠다고 쭉 생각해왔어요. 맞다, 이웃한 과자점에서도 지난달부터 점원들이 고른 책을 판매하기 시작했어요. 케이크를 사러 간 김에 점주의 애독서와 과자에 얽힌 책도 살 수 있으니 일석이조의 즐거움이 만들어지고 기쁘잖아요. 그렇게 해서 언젠가 이 동네의 모든 상점에서 책을 추천하는 날이 온다면, 그것보다 멋진 일이 또 있을까요? 그 꿈……이랄까, 야망?(웃음)을 걸고 앞으로도 즐겁고 힘차게 해나갈 생각입니다."

'야스포문고' 인기 도서 베스트 3

❶ 미우라 시온, 『바람이 강하게 불고 있다』

❷ 하세가와 마코토, 『마음을 가다듬다心を整える』, 겐토샤문고

❸ 가타야마 요지로, 『골반에 좋다骨盤にき』, 분슌문고

집필자 일람

겟쇼쿠 서점_오구니 다카시小国貴司 BOOKS아오이카바BOOKS青いカバ (도쿄도)

푹스고엔지_하세가와 아키라長谷川朗 빌리지뱅가드Village Vanguard 시모기타자와점 (도쿄도)

GOKUCHU BOOKS_기타다 히로미쓰北田博充 도쿄도 내 서점 (도쿄도)

시마노혼야_미야사도 아야하宮里綾羽 미야사도코 서점 (오키나와현)

HOLE_우치누마 신타로内沼晋太郎 혼야B&B本屋B&B (도쿄도)

꿈의 편집_아야메 요시노부綾女欣伸 아사히출판사 (도쿄도)

아톰쇼보_모리오카 요시유키森岡督行 모리오카 서점 (도쿄도)

가와타니가 서점_하나모토 다케시花本武 BOOKS RUHEBOOKSルーエ (도쿄도)

책방열차 '오쿠로 가는 좁은 길호'_마에노 구미코前野久美子 book cafe 카세이노니와book cafe 火星の庭 (미야기현)

서점 안 비밀 서점_구마가이 유카熊谷由佳 마루젠 나고야 본점丸善名古屋本店 (아이치현)

꿈의 영업_와타나베 유이치渡辺佑一 미시마사ミシマ社 (도쿄도)

STREET BOOKS_모리가와 요시미森川佳美 스탠더드북스토어 신사이바시STANDARD BOOKSTORE 心斎橋 (오사카부)

오가와분쇼도_야마시타 겐지山下賢二 호호호자ホホホ座 (교토부)

고바야시 서점__아쿠쓰 다카시阿久津隆 fuzkue (도쿄도)

요메이쇼보__스즈키 다케시鈴木毅 신신도 나카쿠키 본점進駸堂中久喜本店 (도치키현)

닌자야시키 카페 이토 서점__하나다 나나코花田菜々子 팡야노혼야パン屋の本屋 (도쿄도)

꿈의 중개__아리치 도모키有地和毅 일본 출판판매 (도쿄도)

아일랜드 북스토어__다케다 신야竹田信弥 후타고노라이온도双子のライオン堂 (도쿄도)

BUNSHIMURA!__사카가미 유키坂上友紀 책은 인생의 간식입니다!!本は人生のおやつです!! (오사카부)

쇼시보타니카__야마다 도모히로山田智裕 분쿄도 유카리가오카점文教堂ユーカリが丘店 (지바현)

다마가와 서점 뉴스이점__마쓰모토 다이스케松本大介 사와야 서점 FES"AN점さわや書店フェザン店 (이와테현)

꿈의 인쇄__후지와라 아키쓰구藤原章次 후지와라 인쇄 (나가노현)

WOOD STOCK__후지이 요시유키藤井佳之 나타쇼なタ書 (가가와현)

쇼안 미치구사__적독서점원 fiblio積読書店員ふぃぶりお 구마모토현 내 서점 (구마모토)

홋코샤__사토 유이치佐藤雄一 기타 서점北書店 (니가타현)

혼야무라__가스가와 유키粕川ゆき 이카문고いか文庫 (소재지 미상)

책방지기가 안내하는 꿈의 서점

1판 1쇄 2018년 7월 27일
1판 2쇄 2021년 3월 25일

기획 · 편집 하나다 나나코 · 기타다 히로미쓰 · 아야메 요시노부
일러스트 구로기 마사미
옮긴이 임윤정
펴낸이 정민영
책임편집 김소영
편집 임윤정
디자인 최윤미
마케팅 정민호 · 김도윤 · 최원석
제작처 영신사

펴낸곳 (주)아트북스
브랜드 앨리스
출판등록 2001년 5월 18일 제406-2003-057호
주소 10881 경기도 파주시 회동길 210
대표전화 031-955-8888
문의전화 031-955-7977(편집부) 031-955-2696(마케팅)
팩스 031-955-8855
전자우편 artbooks21@naver.com
트위터 @artbooks21
인스타그램 @artbooks.pub

ISBN 978-89-6196-329-9 03300

• 책값은 뒤표지에 있습니다.
• 잘못된 책은 구입하신 서점에서 교환해 드립니다.

• 이 도서의 국립중앙도서관 출판예정도서목록(CIP)은 서지정보유통지원시스템 홈페이지(http://seoji.nl.go.kr)와 국가자료공동목록시스템(http://www.nl.go.kr/kolisnet)에서 이용하실 수 있습니다.(CIP제어번호: CIP2018020748)